원서발췌
정신과학 입문

고전 명작을 읽는 가장 쉬운 길,
'지식을만드는지식 원서발췌'

축약, 해설, 리라이팅이 아닙니다. 원전의 핵심 내용을 문장 그대로 가져옵니다. 작품의 오리지낼리티를 가감 없이 느낄 수 있습니다.
두껍고 읽기 어려워 책장을 덮어 버리곤 했던 고전을 발췌합니다. 해당 작품을 연구한 전문가가 작품의 정수를 가려 뽑아냅니다. 핵심만 읽기 때문에 더 빠르게 더 많은 고전을 읽을 수 있습니다. 제외된 부분은 중간중간 친절하게 요약 설명합니다. 풍부한 해설과 주석으로 전체 내용을 파악하는 데 무리가 없습니다. 정확한 번역, 적절한 윤문으로 10대에서 80대까지 누구나 쉽게 읽을 수 있습니다. 콤팩트한 사이즈와 분량이므로 간편하게 휴대할 수 있습니다. 수천 쪽의 고전을 발췌된 내용으로 읽고도 전체 의미를 파악할 수 있는 것이 지식을만드는지식 원서발췌의 매직입니다. 발췌율은 표지에 표시하고 발췌 방법은 일러두기에 상세히 밝힙니다.
고전 독자를 발췌 읽기에서 완역 읽기로, 더 나아가 원전 읽기로 안내합니다. 바쁜 현대인들에게 새로운 고전읽기 방법을 제시합니다.

원서발췌

정신과학 입문

—사회와 역사 연구의 토대를 구축하기 위한 시도

Einleitung in die Geisteswissenschaften:
Versuch einer Grundlegung für das Studium der Gesellschaft und der Geschichte

빌헬름 딜타이(Wilhelm Dilthey) 지음
송석랑 옮김

대한민국, 서울, 지식을만드는지식, 2026

편집자 일러두기

- 이 책은 딜타이(W. Dilthey)의 전집 1권(무수정 5판) 《정신과학 입문—사회와 역사 연구의 토대를 구축하기 위한 시도(Einleitung in die Geisteswissenschaften: Versuch einer Grundlegung für das Studium der Gesellschaft und der Geschichte)》(B. G. Teubner Verlagsgesellschaft m. b. H., Stuttgart, 1962)를 저본으로 삼아 번역한 것입니다.
- 이 책은 원전에서 약 20%를 발췌했습니다.
- 원전인 《정신과학 입문—사회와 역사 연구의 토대를 구축하기 위한 시도》는 1권 서론 및 2권으로 구성되어 있는데, 이 책의 1장은 원전의 머리말(Vorrede)을 완역한 것이고, 2～14장은 원전의 '1권 서론'에 수록된 총 19개의 장 가운데 I에서 X까지의 10개 장과 XIV의 1개 장 및 XVIII에서 XIX까지의 2개 장을, 그리고 15장은 원전의 2권에 수록된 I장(erster Abschnitt)의 1절을 각각 완역한 것입니다.
- 장 번호는 발췌된 순서에 따라 재편성된 것이며, 내용을 좀 더 분명히 제시하기 위한 옮긴이의 의도에 따라 장 제목들의 일부 내용도 재구성되었습니다.
- 옮긴이는 발췌를 위해 생략한 부분들, 즉 11장과 12장 사이, 12장과 13장 사이, 그리고 15장 이후 부분들의

내용을 각각 해당하는 위치에 정리해 각주를 달았습니다.

- 옮긴이가 작성한 주석은 '옮긴이 주'로 표시하고, 저본에서 인용한 주석은 해당 저본의 이름과 쪽수를 밝혀두었습니다.
- 옮긴이가 붙인 각주에서 별도의 서지 사항 없이 표기된 인용 구절의 쪽수는 원전의 것이며, 장과 절 등 쪽수 외의 참고 부분을 가리키는 사항은 원전의 것일 경우는 '원전'으로, 본 번역본의 것일 경우에는 '이 책'으로 구분해 표기했습니다.
- 독자의 이해를 돕기 위해 옮긴이가 첨가한 어구는 [ ] 속에 넣었습니다. 또한 괄호가 중복될 때에도 [ ]를 사용했습니다.
- 관계대명사로 한정된 원전의 문장, 혹은 쉼표를 사용해 부연된 본문의 문장 가운데 길이가 각별히 길거나 그대로 쓰기에 문맥상 애매한 것들은 가독성을 고려해서 옮긴이가 '— —' 안에 삽입했습니다.
- 본문의 ( )는 원전에 쓰인 것과 옮긴이가 한자나 독어를 표기할 때 사용한 것 외에도, 원전에 있는 낱말과 구절이지만 괄호로 묶어야 할 필요가 있을 경우 사용했습니다.
- 본문의 ' '는 문장의 뜻을 명확히 나타내기 위해 옮긴이가 첨가한 것이고 " "는 원전에 쓰인 것입니다.

• 이 책은 2009년 8월 15일 한정판 '고전선집' 시리즈로 처음 출간했습니다. 2014년 7월 14일 표지를 바꿔 '천줄읽기' 시리즈로 다시 출간했다가 이번에 '원서발췌' 시리즈로 옮겨 출간합니다.

차례

요르크 폰 바르텐부르크 백작에게 • 3

1. 머리말 : 이 책의 논지와 구상에 대해 • 5
2. 이 책 《정신과학 입문》의 의도 • 20
3. 자연과학과 나란히 하나의 독립된 전체로서 존재하는 정신과학 • 25
4. 자연과학 전체에 대한 정신과학 전체의 관계 • 50
5. 정신과학의 분절 구조화를 위한 개관 • 69
6. 정신과학의 내용을 구성하는 재료 • 78
7. 정신과학이 사용하는 세 가지 진술 유형 • 83
8. 역사적 · 사회적 현실성으로부터 분리되는 개별 정신과학들 • 86
9. 역사적 · 사회적 현실성의 요소들인 개별적 인간존재들을 다루는 과학들 • 89
10. 역사적 · 사회적 현실성의 연관구조를 향한 인식의 태도 • 109

11. 개별 민족들 및 인간 일반의 자연적인 분절 구조화에 대한 과학적 연구 • 123
12. 역사철학과 사회학은 현실적인 진정성을 갖는 과학이 아니다 • 133
13. 개별 정신과학들의 점진적인 확장과 완성 • 153
14. 개별 정신과학들을 위한 인식론적 토대 구축의 필요성 • 161
15. 맺음말: '지금까지의 논의'[1권 서론]의 결과들로부터 생기는 과제 • 174

해설 • 189
지은이에 대해 • 206
옮긴이에 대해 • 211

정신과학 입문

요르크 폰 바르텐부르크 백작에게

언젠가 우리들이 처음으로 나눈 즐거운 대화에서 나는 당신에게 이 책의 계획을 이미 피력한 적이 있었습니다. 그때에 나는 이 책을 "역사이성비판"으로 명명했을 것입니다. 그날 이후 몇 년간 나는 하나의 행운, 즉 동질적 신념의 토대 위에서 이루어진 일상의 대화를 통해 당신과 더불어 철학하는 아름다운 시간을 빈번히 누려 왔습니다. 그러니 이 책에 제시된 사유의 연관구조가 당신의 덕으로 이루어졌다는 사실을 어떻게 내가 부인할 수 있겠습니까. 우리가 공간적으로 떨어져 있게 된 지금, 나는 이 책이 당신에 대한 변하지 않는 내 신뢰의 표식으로 여겨지길 바랍니다. 이 책을 만들어 냈던 내 오랜 노고의 가장 훌륭한 보상은 나의 벗, 당신의 갈채일 것입니다.[1)]

---

1) (옮긴이 주) 딜타이가 요르크 폰 바르텐부르크(Paul Yorck Von Wartenburg) 백작에게 보낸 이 짧은 서간은 이 책《정신과학 입문》맨 앞에 '감사의 말' 형식으로 실려 있다. 요르크 폰 바르텐부르크 백작은 딜타이와 "역사성의 이해라는 관심을 공유"하며 전통의 형이상학과 기존의 역사주의 및 실증주의를 극복할 대안의 사상을 교류했지만, 구체적인 부분에선 의견을 달리했다. 이를테면 그는 "존재적인 것과 역사적인 것의 유적 차이를 간과"하는 딜타이와 견해를 달리하며 비판한다

[《왕복 서간(Briefwechsel zwischen Wilhelm Dilthey und dem Garfen Paul Yorck von Wartenburg, 1877~1897)》, Halle a. d. S. 1923, 185~191쪽]. 요르크 폰 바르텐부르크 백작의 그와 같은 비판은 기존의 역사주의와 실증주의의 태도를 온전히 극복하지 못한 딜타이의 근원적 문제, 즉 물체적 혹은 형태적 대상을 지향하는 데카르트적 순수 시각에 든 형이상학의 요소를 겨냥한 것이었다. 그러나 "존재적인 것과 역사적인 것의 유적 차이"에 대하여 철저한 물음을 제기하지 못했다는 점에서 요르크 폰 바르텐부르크 백작 역시 자신이 비판했던 딜타이의 한계를 다 넘어서지 못했다는 평가를 받는다. 이러한 한계의 극복은 딜타이에 대한 요르크 폰 바르텐부르크 백작의 비판을 수용하는 가운데 딜타이를 전용하며 '존재적인 것'(자연)과 '역사적인 것'(인간 현존재)의 통일적 근원을 추구했던 하이데거와 같은 이들의 존재론적 과제로 이월되었다. M. Heidegger, 《존재와 시간(Sein und Zeit)》, Max Niemeyer Verlag Tübingen, 1972, 397~404쪽 참조.

1. 머리말 : 이 책의 논지와 구상에 대해

이 책은 애초에 기획된 전체 내용 중 처음 절반의 것으로 우선 출간된 것이다. 이 책에서 나는 역사적 접근 방식을 체계적 접근 방식에 덧붙이는 형식을 따랐다. '정신과학의 철학적 토대'를 구축할 노동에 수반될 문제를 내가 취할 수 있는 가장 높은 확실성의 정도에서 풀어내기 위해서였다. 내가 여기에서 택한 역사적 접근 방식은 철학이 정신과학의 토대 구축을 두고 지금껏 다투며 추구해 온 발전의 길을 좇는다. 이러한 역사적 접근 방식을 통해 나는 철학의 그 발전 과정 속에서 결정된 개별 학설들의 역사적 위치를 뚜렷이 규명하는 한편, 역사적인 연관구조(der Zusammenhang)의 제약에 따라 규정된 개별 학설들의 가치를 올바로 제시하고자 했다. 이전부터 있어온 철학사적 발전의 연관구조에 천착함으로써, 나의 이러한 역사적 접근 방식은 결국 '현대의 과학적 운동'을 촉발시킨 가장 내적인 동기에 대한 하나의 판단에 도달하는 성취를 이룬다. 이러한 시도와 귀결에 상응할 역사적 서술로써 이 책은 마침내 정신과학을 위한 인식론적 토대 구축의 길을 열어주게 될 것이지만, 이 구축 자체는 아직 출판되지 않은

이 책의 또 다른 절반에서 탐구될 예정이다.[2)]

늘 그렇듯 역사적 서술과 체계적 서술은 상호 보완되어야 할 것들이다. 때문에 만일 내가 여기에서 이 책의 '체계적 서술'을 관통하는 근본 사상에 대해 약간의 내용을 피력한다면, 그것에 이어 펼쳐질 '역사적 서술'을 독자들이 한결 쉽게 이해할 수 있을 것이다.

개별 과학들은 중세가 끝날 무렵에야 비로소 속박에서 해방되기 시작했다. 그러나 개별 과학들 중 사회와 역사를 다루는 분과들은 오랫동안, 말하자면 금세기 직전(18세기)에 깊숙이 들어서기 전까지는, 여전히 형이상학의 옛 지배력 아래에 머물렀다. 실제로 점점 더 커져가는 '자연인식'의 권력은 역사와 사회를 다루는 개별 과학들에 대

---

2) (옮긴이 주) 1권 서론의 체계적인 서술, 즉 "개별 정신과학들의 연관 구조에 대한 개관과 이 개관 속에서 해명되는 토대 구축적인 과학의 필요성"과 2권의 역사적인 서술, 즉 "정신과학의 토대로서의 형이상학, 그 패권과 몰락"으로 구성된 《정신과학 입문》은 원래 2권의 책으로 구상된 것이다. 지금 언급된 "또 다른 절반"은 이 머리말의 후반에서 언급된 바와 같이 3권과 4 · 5권으로 기획되어 있었지만, 결국 출간되지 않았다. 하지만 그 대신에 딜타이가 지금 말하고 있는 "정신과학을 위한 인식론적 토대 구축"의 과제는 《정신과학 입문》 2권에서의 형이상학 이론들에 대한 철학사적 · 비판적 고찰을 통해 비형이상학적인 관점의 노선을 부여받게 된 뒤에, 후속의 다른 책들에서 특히 "역사적 이성"에 대한 해석학적 비판 작업을 통해 지속적으로 탐구된다.

해서 [형이상학과 별반 다르지 않은 모습으로] 새로운 굴종의 관계를 도모했으며, 이 관계는 예전의 형이상학과의 관계 못지않게 억압적인 것이었다. 형이상학으로부터 역사과학과 역사적인 의식을 처음으로 해방시키려 했던 것은 포괄적인 의미에서의 역사학파였다. 17세기와 18세기에 전개된 사회적 이념들, 이를테면 자연법, 자연적인 종교, 추상적인 국가론, 추상적인 정치 · 경제학 등의 체계가 프랑스의 혁명 공간을 통해 실천적 결실을 이끌었을 바로 그때, 그리고 이 혁명의 군대들이 쓰러질 듯 건립된 기이한 모습으로 천 년 역사의 입김에 에워싸인 독일제국의 낡은 구조를 파괴하고 점령했을 바로 그때, 우리의 고국에서는 모든 정신적 사실들이 그 내부에서 발생하는 바의 과정으로서의 역사적 성장에 대한 하나의 관점이 이미 형성되어 있었다. 그리고 이러한 관점은 사회적 이념들이 말하는 전체적 체계의 비(非)진리성을 입증하는 결과를 낳았다. 역사학파는 빙켈만(J. J. Winckelmann)과 헤르더(J. Herder)로부터 낭만주의 학파를 거쳐 니부어(B. G. Niebuhr), 그림(J. Grimm), 사비니(F. Savigny), 그리고 뵈크(A. Böckh)에까지 이른다. 그것은 혁명에 대한 반동을 통해 더욱 강화되었으며, 버크(E. Burke)를 통해 영국으로 번진 후, 기조(F. Guizot)와 토크빌(A. Tocqueville)

을 통해 프랑스로 퍼져나갔다. 그렇게 확장된 역사주의는 종교에 관계된 것이든 정치에 관계된 것이든 혹은 법률에 관계된 것이든 18세기의 이념들 모두에 대항하는 적으로서 유럽 사회의 싸움에 관여했다. 무엇보다도 인간과 사물을 바라보는 하나의 순수한 경험적 고찰 방식이 이 학파에는 살아 있었다. 말하자면 거기에는 역사적 과정의 특수성으로 파고드는 몰입의 애착이 있었으며, 또한 '단지 발전적 과정의 연관구조 속에서 개별적인 사실의 가치를 결정하려 시도하는 역사적 통찰'의 보편적 정신과 '과거에 대한 연구 속에서 현재의 삶을 해명하며 그 내부의 규칙을 추구하는 사회과학'의 역사적 정신, 그리고 '정신적인 삶을 모든 논점에서 역사적인 삶으로 바라보는 혜안'의 생생한 정신 같은 것들이 있었다. 이러한 역사학파로부터 새로운 관념들의 단일한 흐름이 무수한 수로들을 통해 모든 개별 과학들로 흘러들었다.

그러나 역사학파는 삶에 대한 자신의 영향력뿐 아니라 이론적인 발달마저도 억제했을 자신의 내적 장애들을 아직껏 허물지 못했다. 역사학파의 '연구'와 역사학파의 '역사적 현상들에 대한 환가(換價)'에는 의식의 사실들에 대한 분석과의 연관구조가 누락되어 있었다. 때문에 최종 심급(die letzte Instanz)에 따른 유일의 확실한 지식 위에 세워진 토대, 요컨대 철학적으로 구축된 토대가 역사학파의 논리에는 없었다. 그것은 인식론 및 심리학과의 어떤 건강한 관계를 결여하고 있었으며, 그 결과 어떤 설명의 방법을 가질 수가 없었다. 하지만 그럼에도 불구하고 역사학파 고유의 역사적 관점과 비교적 방법들은 정신과학의 어떤 독립적인 연관구조나 삶에 대한 어떤 실천적 영향도 확립하거나 획득할 수가 없었다. 그리고 이런 사실은 콩트(A. Comte)와 밀(J. S. Mill), 그리고 버클(H. T. Buckle)이 자연과학의 원리들과 방법들을 전용함으로써 새롭게 역사적 세계의 수수께끼를 풀어보려 했던 당시의 사정이 어떻게 성립할 수 있었는지에 대한 이유가 된다. 물론 여기에는 보다 생생하고 심오한 '역사적 직관'의 저항이 따랐다. 하지만 이러한 직관이 하나의 빈약하고 저급한 (그러나 분석에 기초한) 이념에 맞서 자신을 발전시킬 수 없었고 자신의 토대를 구축할 수도 없었다는 점에서, 그 저항은 무력했다. 그 실증적 과학의 엄밀함에 대한 칼라일(T. Carlyle)을 비롯한 활력적인 정신의 소유자들의 반대가 보여준 강렬한 증오 및 강요적인 말과 언변은 그러한 상황이 어떠했는지를 보여주는 하나의 증표였다. 그리고 이와 같은 정신과학의 근거 정초에 대한 불확실성 속에서, 개별 과학자들은 이내 단순한 서술의 자리로 물러나거나, 혹은 주관적 정신의 이해에 만족하거나, 아니면 실천적인 삶을 변경할 힘을 갖는 원리들을 자신의 옹호자들에게 약속했던 형이상학의 품속으로 다시 몸을 던지거나 하는 처지를 면할 수가 없게 되었다.

역사학파에 함축된 원리를 위하여, 그리고 역사학파를 통해 지금 철저히 규정되고 있는 개별 사회과학들의 작업을 위하여, 하나의 토대를 철학적으로 구축하려 했던 나의 결정은 정신과학이 겪었던 이러한 [부정적인] 상황의 정서에서 비롯되었다. 그렇게 함으로써 나는 역사학파와 이에 대립하는 추상적 이론가들 사이의 논쟁을 조정하고자 했다. 한때 나는 모든 사려 깊은 역사가, 법률가, 혹은 정치가들이 말하지 않을 수 없었던 문제들 때문에 괴로움에 빠진 적이 있다. 그리고 바로 이러한 사태로 말미암아, 나의 내부에서 '정신과학의 토대 구축'을 향한 욕망과 기획이 생겨나 일련의 물음들을 불렀다. 역사서술가의 판단, 국가 경제학자의 결론들, 법률가의 개념들 등을 동일한 방식 위에서 하나로 근거 짓는 원리들의 연관구조는 어떤 것인가? 그리고 그것들에게 확실성을 부여하는 것은 또 무엇인가? 그러한 연관구조가 결국은 형이상학으로 소급해 들어가지는 않는가? 형이상학적 개념들에 의해 유지되는 역사철학 혹은 자연법이 있는 것은 아닌가? 그리고 만일 이러한 생각이 논박될 수 있는 것이라면, 개별 과학들을 보증해 주고 하나로 묶어내는 원리들의 연관구조를 위한 하나의 확고한 지주는 어디에 있는 것인가?

이러한 물음들에 대해 콩트와 실증주의자, 그리고 밀과 경험주의자들이 내린 대답 또한 자연과학의 방법들과 개념들에 끼워 맞추기 위해 역사적 '현실성'[3]을 기형화시킨 것처럼 보인다. 또한 이러한 조치에 대해 나타났던 반작용—예컨대 로체(R. H. Lotze)의 '소우주론'은 이러한 반작용의 독창적인 전형이다—역시, 나에겐 흡사 영원히 사라진 정서적 만족을 동경하며 그것을 하나의 과학으로서 되살리고자 열망하는 감상의 충족을 위하여 개별 과학들의 정당화된 독립성, 개별 과학들이 갖는 경험적 방법들

---

3) (옮긴이 주) 이 책에서 빈번히 사용되고, 또 그만큼 중요한 용어인 'die Wirklichkeit'를 옮긴 말이다. 역사성과 사회성을 아우르는 이 용어를 '현실'이라는 말로 옮길 수도 있지만, 이것이 어떤 철학적 해석을 함축하는 말일 수밖에 없다는 점에서 '현실성'으로 쓰는 것이 더 낫다고 판단했다. 또한 이와 같은 맥락에서 'die Realität'는 '실재성'으로 표기했다. 물론 어떤 관점의 이론에서 주장되는 현실성과 실재성은 그 이론의 내부에서는, 즉 어떤 이론이 말하는 현실성과 실재성에 대한 견해를 적어도 잠정적으로나마 승인하는 맥락에서는, '현실'과 '실재'라는 말로 옮겨도 무방할 것이다. 사실 이 책에서도 그렇게 읽히는 경우에는 그와 같이 옮겼다. 하지만 이러한 경우라 하더라도 '현실'과 '실재'라는 말들에 함축된 철학적 해석의 측면이 고려되어야만 할 것이다.

의 생산적인 힘, 그리고 개별 과학들의 토대에 밴 확실성 등을 희생시키는 것처럼 보였다. 나는 오로지 내적 경험, 즉 의식의 사실들 속에서 나만의 사유를 위한 하나의 견고한 정박지를 찾았으며, 어떤 독자도 이러한 논점의 논거를 결코 무시할 수 없을 것이라고 기꺼이 확신한다. 모든 과학은 경험의 과학이다. 그러나 모든 경험은 우리들 본성의 총체 안에서, 즉 경험이 발생하는 우리들 의식의 조건들 내부에서, 자신의 근원적 연관구조와 이것을 통해 규정된 가치를 갖는다. 우리는 이러한 관점—이 관점은 그러한 조건들의 배후를 파고드는 일의 불가능성을 [논리적으로] 통찰하는 것으로서, 이때 '배후로 파고드는 일'은 눈 없이 보는 것 혹은 눈 자체의 뒤에서 인식의 조망을 정위하는 일과 동일하다—을 인식론적 관점이라고 부른다. 근대과학은 이것 이외의 다른 어떤 것도 승인할 수가 없다. 그러나 더 생각해 보면 정신과학의 독립성은 정확히 이런 관점으로부터 역사학파가 필요로 하고 있는 것과 같은 종류의 토대를 찾고 있는 것처럼 보인다. 왜냐하면 그러한 관점의 기반 위에서 우리가 자연 전체에 대해 갖고 있는 상[그림]이 몰라서 그렇지 사실은 '우리로부터 숨겨진 채 있는 현실성'이 던져놓았던 그림자에 불과한 것이었음이 입증되기 때문이다. [하지만] 이러한 상황과 대조적으로, 우리는 단지 내적 경험에 주어진 의식의 사실들 속에서 우리 앞에 '있는 그대로 존재하는 자연 전체'로서의 실재성만을 취할 뿐이다. 내적 경험에 주어진 의식의 사실들에 대한 분석은 정신과학의 중심을 이룬다. 그리하여 정신적인 세계의 원리들에 대한 인식은 역사학파의 정신에 상응하는 정신적 세계의 영역에 머무르게 되며, 정신과학은 자기 자신의 내부에서 독립적인 하나의 체계를 형성하게 된다.

이와 같은 논점들을 대하는 가운데 로크(J. Locke)와 흄(D. Hume), 그리고 칸트(I. Kant)의 인식론적 학통에 적지 않게 동의하고 있는 나 자신을 새삼 발견했음에도 불구하고, 나는 의식의 사실들에 깃든 연관구조-우리 모두는 이 연관구조 속에서 철학의 전(全) 토대를 공통적으로 인식한다-를 그들이 수행했던 것과는 다른 방식으로 파악할 수밖에 없었다. 만일 누군가가 수적으로 아주 적고 과학적으로도 미처 발전되지 않은 성향들, 예컨대 헤르더와 훔볼트(K. Humboldt)가 가졌던 성향들을 간과하고 본다면, 경험적인 것과 칸트적인 것 모두를 포함한 종래의 인식론은 경험과 인식을 순수한 표상에 종속되어 있는 상황들로써 설명해 온 것이 된다. 로크와 흄, 그리고 칸트가 구성한 인식 주체의 혈관을 흐르는 것은 '진정한 피'가 아니다. 그것은 그저 단순한 사유 행위의 묽은 즙에 불과하다. 그러나 인간 전체를 역사적 방법 내지 심리학적 방법으로써 다루는 것은, 나로 하여금 '자신의 힘' 혹은 '이 힘을 의지하고 느끼고 표상하는 자신의 본질'이 갖는 다양성 속에 존재하는 인간 전체를 '인식'과 '인식의 개념'들(예컨대 외부 세계, 시간, 실체, 원인 등)을 설명하기 위한 기초로 삼도록 이끈다. 확신하건대, 인식이 자신의 그러한 개념들을 마치 지각과 표상과 사유로부터 획득한 '날것의 재료'들만을 갖고 직조하는 듯 보인다 해도 이러한 사정은 변하지 않는다. 그러므로 이 탐구에 이어서 취할 방법은 다음의 강령을 따른다. 즉 현재의 추상적이고 과학적인 사유의 모든 요소들을 경험의 자리에서, 그리고 언어와 역사에 대한 연구를 통해 제시된 인간 본성의 자리에서 검토하며 그것들 간의 연관구조를 찾아 밝힐 것. 이러한 방법은 다음과 같은 결과를 가져다준다. 즉 현실성에 대한 우리의 인식과 상[그림]의 가장 중요한 요소들, 이를테면 인격적인 삶의 통일성, 외부 세계, 우리의 밖에 존재하는 개체들, 시간에 처한 그것들의 삶, 그리고 그것들 간의 상호작용 같은 것들은 인간 본성 전체로부터 설명될 수 있는 모든 것들이며, 이때 인간 본성의 진정한 삶의 과정은 의지와 감정 그리고 표상을 통해서만이 자신의 다양성을 지니게 된다. 우리의 인식능력의 확고한 선천성(a priori)을 취하는 어떤 가정이 아니라, 단지 우리들의 본질에 함축된 총체성으로부터 유래하는 발전의 역사만이 우리 모두가 철학의 자리에다 올바르게 세워야 할 문제들에 대한 답을 제시해 줄 수 있다.

여기에서 우리는 정신과학을 위한 인식론적 토대를 구축하는 일과 관련된 수수께끼들 중 가장 난감한 것, 즉 외적 세계의 실재성에 대한 우리들의 신념의 타당함과 기원에 대한 물음을 해소하는 일에 직면하게 된다. 인식의 관점과 단절한 단순한 표상에서는 외부 세계가 항상 단지 하나의 현상으로서만 남아 있다. 그러나 이에 반해서, 우리의 의지하고 느끼고 표상하는 전체적인 본질의 관점 속에서 외부의 현실성(즉, 자신의 공간적인 규정들로부터 완전히 제외된, 그래서 우리들로부터 자유로운 하나의 타자)은 이제 우리의 자아 속에서 확실하게 나타나는 어떤 것으로서, 요컨대 단순한 표상으로서가 아니라 삶으로서 우리에게 주어진다. 우리는 이러한 외부 세계에 대해서 '인과적인 추론의 힘'을 통해서나 '이러한 추론에 상응하는 어떤 과정'을 통해서는 알 수가 없다. 오히려 원인과 그것의 결과에 대한 표상들 자체는 우리들의 의지적 삶으로부터 나오는 추상들 외의 다른 어떤 것이 아니다. 비록 처음에는 우리 자신의 고유한 내적 상태들에 관한 자료인식

(die Kunde)만을 우리에게 제공하는 것처럼 보이는 것이 경험이라 해도, 경험은 자신의 지평을 스스로 확장한다. 외부 세계는 우리 삶의 통일성과 '더불어 동시에' 우리에게 주어지는 것으로서, 또 다른 '삶의 통일성'들이 현존하는 장이기도 하다. 그러나 내가 여기에서 과연 얼마만큼이나 이러한 사실을 보여줄 수 있었는지, 그리고 위에서 가리켰던 그 본질의 관점으로부터 역사와 사회의 인식을 위한 하나의 확실한 연관구조를 건립해 내는 일이 얼마나 멀리 도달할 수 있었는지에 대한 평가는 정신과학을 위한 인식론적 토대 구축 자체에 대한 나의 논의를 마저 다 읽은 독자의 판단에 맡길 수밖에 없다.

이 책에서 나는, 정신과학의 인식론적 토대 구축에 필요한 핵심 원리들과 주요 생각들을 현재의 과학적 사유가 펼쳐낸 다양한 국면들과의 연관 속에서 정립하기 위해, 그리고 이러한 원리들과 생각들을 여러 겹으로 뒷받침하기 위해, 번거롭더라도 피하지 않고 하나의 세부 사항을 다루었다. 이 책의 시도가 개별 정신과학들에 대한 개관으로부터 시작되고 있는 것은 바로 이런 까닭에서다. 무엇보다도 이 책 전체의 연구 동기와 소재가 개별 정신과학들 속에 놓여 있기 때문에, 이 연구의 귀결은 개별 정신과학들로부터 역행적으로 추론될 것이다(1권). 이 책의 1권 서론은 자신의 논지에 따라 철학적 사유의 역사를 견인하게 되는데, 이때의 철학적 사유는 형이상학적 토대 구축의 운명에 처했던 시기를 가로지르며 지식의 단단한 지반에 대한 연구에 천착했던 역사적 사건에 다름 아니다(2권). 여기에서는 주로 다음의 표명이 논증될 것이다. 즉, 일반적으로 승인되었던 형이상학은 우리가 제쳐둔 '옛 과학의 상황'이 빚어낸 조건들 아래에서 성립된 것이며, 이런 이유 때문에 결국 정신과학을 위한 '형이상학적 토대 구축'의 시대는 완전히 지나간 과거가 된다. 그리고 [아직 출간되지 않은] 나의 두 번째 책은 무엇보다도 먼저 모든 개별 과학들과 인식론들의 발전 단계 속에 놓인 역사적 과정을 뒤쫓는 동시에, 현재까지 정돈된 인식론의 작업들을 개관하고 평가할 것이다(3권). 그런 연후, 나의 두 번째 책은 정신과학을 위한 인식론적인 토대를 자신의 고유한 관점을 통해 구축하려 시도하게 될 것이다(4권과 5권). 이 첫 번째 책 2권의 '역사적 부분'에 부여된 내용의 상세성은 하나의 입문이 요구하는 실천적 과제뿐 아니라, 인식론적인 반성적 자각에 나란히 대응하는 역사적인 반성적 자각의 가치에 대한 나의 확신에서 발생했다. 이러한 확신은 최근 몇 세대 동안 지속되었던 '철학의 역사에 대한 각별한 애착'에서뿐만 아니라, 역사적인 지반에 입각해 사상체계를 확립했던 헤겔(G. Hegel)과 후기의 셸링(F. Schelling), 그리고 콩트의 시도들 속에서도 나타난다. 이러한 확신의 정당화는 발전사적 관점 위에서 한층 더 타당한 것이 된다. 여기에서, 지성이 펼치는 발전의 역사가 '대지의 토양에 뿌리를 내리고 있는 나무의 성장'을 태양의 밝은 빛 속에서 가리키는 것이라고 할 때, 인식론적인 토대 구축의 과제는 대지의 토양 아래로 파고들어 그 속에 뻗친 나무뿌리들을 찾아 밝히는 것과 동일하다.

이 책에서 나는 이와 같은 과제를 매우 다양한 지식의 영역을 통해 추구했다. 그러므로 독자들은 적지 않을 나의 착오를 양해해야 할 것이다. 하지만 이 책은, 법률가와 정치가 및 신학자와 역사 연구가 등이 각자의 분야에 해당하는 개별 과학들의 생산적 연구를 위한 토대로서 요구하고 있는, 역사적이고 체계적인 통찰들의 총합에 비록 일정한 정도로나마 단일성을 부여하는(zu vereinigen) 문제에 충분히 응답할 수 있을 것이다. 굳이 말하자면, 이 책은 슐라이어마허(F. Schleiermacher)의 전기를 끝내야 하는 나의 오랜 책무가 미처 다 수행되기도 전에 나온 것이다. 그 전기의 두 번째 절반을 위한 예비 작업을 마치고 이를 마무리하는 과정에서 다음과 같은 사실이 나에게 형체를 드러냈다. 즉, 슐라이어마허의 체계에 대한 해명과 비판은 도처에서 철학의 궁극적인 물음들에 대한 논의들을 전제하고 있다. 이런 이유로 인해 그 전기를 쓰는 일은 지금 이 책이 출간될 때까지 보류되었다. 따라서 이 책은 그 전기를 완성해야 할 나에게 그와 같은 논의들을 일일이 짚고 넘어가야 할 부담을 덜어줄 것이다.

2. 이 책 《정신과학 입문》의 의도[4)]

"더욱이 지금까지 현실성은 신화적인 상상력과 형이상학적인 사변의 극단적인 노력이 그려낼 수 있었던 것보다, 현실성과 현실성의 법칙들을 성실히 따라 탐구했던 과학에게 늘 더 고상하고 충만한 모습으로 자신을 드러냈다."

—헬름홀츠(H. Helmholz)[5)]

---

4) (옮긴이 주) 원래는 《정신과학 입문》의 1권 서론 "개별 정신과학들의 연관구조에 대한 개관과 이를 통한 토대 구축적인 과학의 필요성 해명"에 딸린 I장의 제목이다. 그러나 여기에서는 구성상 2장의 제목이 되었다. 이 책의 2장부터 14장까지는 총 XIX장으로 구성된 원전 1권 서론의 내용 중 XI~XIII장과 XV~XVII장을 제외한 나머지 장들을 모두 완역한 것이다. 하지만 이 책의 마지막 15장만은 원전 2권의 I장 1절을 완역한 것인데, 이에 대해서는 뒤에서 2권의 내용 전반에 대한 개요와 함께 자세히 부연될 것이다.

5) (옮긴이 주) 원전의 1권 서론 전체를 위해 쓰인 권두언으로서, 2장(원전에서는 1권 서론의 I장)의 바로 앞부분에 쓰여 있는 것이다. 그러나 헬름홀츠의 이 구절이 딜타이가 《정신과학 입문》 1권 서론의 '체계적인 서술' 방법을 통해 말하고자 한 내용의 핵심을 함축하고 있다는 점에서, 그리고 이 핵심은 2권의 '역사적인 서술'의 근본 전제가 된다는 점에서, 이처럼 배치해도 1권 서론의 권두언으로서 의의는 훼손되지

베이컨(F. Bacon)의 유명한 저작[6] 이후, 자연과학의 방법과 토대에 대해 논의함으로써 자연과학 연구를 소개하는 일에 기여한 논문은 대부분 자연과학자들에 의해 저술되었다. 그 논문 중 가장 널리 알려진 것은 허셜(J. Herschel)의 것이다. 나는 역사(학), 정치학, 법률학, 정치학, 경제학, 신학, 문학, 또는 예술에 종사하는 사람들을 위해서도 자연과학에게 행해졌던 것과 유사하게 이론적인 봉사가 실행되어야 할 필요가 있다고 생각한다. 자기 자신을 이러한 과학들에 바친 사람은 흔히 사회의 한 목적, 즉 사회를 이끄는 기관들에게 각자의 과업에 불가결한 지식을 갖추도록 할 요량으로 어떤 직업적 훈련을 제공하려는 '사회의 실천적 요구'에 따라 그러한 과학들에 몰입

않는다.

6) (옮긴이 주) 《학문의 진보(De Augmentis Scientiarum)》(1603~1605)와 《자연 해석 서설(De Interpretatione Naturae Proemium)》(1603) 등이 이 저작에 해당할 수 있지만, 여기에선 자연연구자들이 지켜야 할 규칙들(rules)과 그들의 탐구에 작용할 오성의 비약을 제한하는 추들(weights)을 보다 분명히 논급하는 《신(新)기관(Novum Organum)》(1608~1620)을 가리키는 것으로 보인다. W. Durant, 《철학 이야기(The Story of Philosophy)》, Washington Square Press, New York, 1970, 118~138쪽 참조.

하곤 한다. 그러나 이러한 직업적 훈련은 개인에게 단지 기존의 어떤 기술(技術)적인 정련 상태를 앞지르는 정도 내에서만 눈에 띄는 성과를 얻을 수 있게 해줄 뿐이다. 사회는 과정 속에 있는 무수한 사람들의 기여 활동에 의해 유지되는 하나의 거대한 기계적인 작업장에 비유될 수 있다. 사회에 작동하는 기술들 중 단일한 직업의 고립된 기술을 익힌 사람은, 비록 그가 그 기술에 뛰어난 성취를 보인다고 하더라도, 자신의 생애 전부를 그러한 작업장의 한 고립적 위치에서 종사하는 데 바치고 말 노동자의 처지를 면할 수 없게 된다. 따라서 그에게는 자신이 속한 그 작업장을 움직이는 힘을 인식할 능력이 없다. 또한 이 작업장의 다른 부분들에 대해, 그리고 이 다른 부분들이 작업장 전체의 목적에 기여하는 상호 연관 작용에 대해 하나의 표상을 가질 수도 없다. 요컨대 그는 사회에 복무하는 도구에 불과할 뿐, 사회를 의식적으로 함께 형성해 가는 기관(das Organ)이 아니다. 나는 지금 쓰고 있는 이 책이 정치학자와 법학자, 그리고 신학자와 교육학자 등의 과제를 보다 가볍게 해줄 수 있기를 소망한다. [사회와 비유된 그 기계적 작업장의 '그'로써 달리 말하자면] 고립된 위치에서 사회의 한 도구처럼 존재했던 그에게, 이 책이 인간 사회의 포괄적인 현실성으로 그 자신을 이끌어줄 원리와 규칙들의 위상을 알게 해주고, 그리하여 그가 관여하는 바로 그 고립적 위치에서 그의 '삶의 노동'이 마침내 인간 사회의 포괄적인 현실성에 바쳐지게 해줄 수 있기를 기대한다.

이러한 과제를 해결하기 위해 필요한 통찰은, 이 책이 다루는 주제의 본질에 비추어볼 때, 자연에 대한 인식뿐만 아니라 역사적 · 사회적 현실성의 세계에 대한 인식의 토대로서 놓여 있어야 할 진리들로 거슬러 올라가야 한다. 그리고 그렇게 생각할 때, 실천적인 삶의 요구들에 의거하고 있을 그 과제는 '순수한 이론'의 상황이 일으켜 세우는 하나의 문제와 만나게 된다.

역사적 · 사회적 현실성을 다루는 과학들은 일찍이 이전에 행해진 경우에서보다 자신들의 토대와 상호 연관구조를 강도 있게 탐구하고 있다. 개별적인 실증과학들의 상황 속에 존재하는 원인들 혹은 동기들은 이러한 방향에 따라 더욱 강력한 충격들—예컨대 프랑스혁명 이래 발생한 사회적 변동으로부터 생겨난 자극들—과 함께 상호 작동하고 있다. 사회를 지배하는 힘들, 그리고 사회적 변동을 가져다준 원인들, 또 사회에 이용 가능한 것으로 주어진 건강한 진보의 수단들 등에 대한 인식은 우리의 문명화를 위한 중요한 삶의 문제가 되었다. 그리고 이러한 사실은 자연과학의 의의 맞은편에서 사회과학의 의의의 증대를 초래하고 있다. 근대적 삶의 커다란 형세 속에서 실행되는 과학적 관심들의 변환 양상은, 도시국가들의 사회에 있었던 하나의 격동으로 인해 궤변적인 자연법의 부정적 이론들과 이러한 이론들에 맞선 소크라테스학파의 새로운 국가 이론이 동시에 등장했던 기원전 4~5세기 소(小) 그리스의 정치체제 내에서 발생한 것과 흡사하다.

3. 자연과학과 나란히 하나의 독립된 전체로서 존재하는 정신과학

역사적 · 사회적 현실성을 탐구 대상으로 삼는 과학 전체가 이 책에서는 '정신과학'[7]이라는 말로써 호명될 것이

---

7) (옮긴이 주) 용어 "die Geisteswissenschaften"을 옮긴 말이다. 복수형이지만 딜타이의 궁극적 의도를 고려해 이 책에서는 정신과학들 일반이라는 의미에서 '정신과학'으로 옮겼다. 그리고 같은 맥락에서 용어 "die Naturwissenschaften"은 '자연과학'으로 옮겼다. 하지만 본문의 문맥 안에서는 이 용어들이 개개의 정신과학들과 자연과학들을 각각 환기하는 동적인 지시성을 함축하기 때문에 복수의 의미성을 고려하면서 읽어야 한다. 실제로 딜타이는 그 동적인 지시성과 떨어져서 자연과학들 일반이나 정신과학들 일반을 가리킬 경우, 정확히 말하면 그렇게 읽히는 경우, 그 두 용어의 단수형을 사용하고 있기 때문이다. 물론 이 경우에도 '정신과학'과 '자연과학'으로 옮겼다. 한편, 이 책에서 딜타이는 대부분의 '과학(die Wissenschaft)'이라는 용어에 복수형 어미(en)를 붙여 단독으로 혹은 다른 말과 연관시켜 사용하고 있다. 이 경우는 '과학들'로 옮겼다. '정신과학'과 '자연과학'으로 옮김으로써 훼손된 복수형의 동적인 지시성을 나타내기 위해서였다. 예컨대 '개별 정신과학들'과 '개별 자연과학들'은 이 경우에 해당한다. 그러나 딜타이는 (1) 특정한 개별 과학으로서의 과학을 나타낼 경우에는 '과학'이라는 말을 단수형으로 표기해 관사나 수식어, 또는 어떤 과학의 분과를 이르는 말과 함께 쓰고 있다. 또한, (2) 자연과학들 일반이나 정신과학들 일반 또는 그 둘 모두를 가리키는 의미에서의 과학을 단독으로 나타낼 경우 역시

다. 이와 같은 개념화는 정신과학을 하나의 전체로서 형성하며, 이러한 전체의 한계 설정은 '자연과학'이라는 말에 대립하는 것으로서, 궁극적으로는 이 책의 내용 자체를 통해서만 비로소 설명되고 정초될 수 있다. 이러한 설명과 정초를 위한 논의를 시작하기 전에, 우리는 그 표현[정신과학]이 사용될 경우 부여되는 핵심적 의미를 언명하는 한편, 그와 같은 정신과학의 통일적인 전체를 자연을 탐구하는 과학들로부터 구분 짓는 한계를 설정하는 데 기반이 될 사실들의 총합에 대해 미리 짚어볼 필요가 있다.

과학에서의 언어 용법은 명제들의 어떤 총합(der Inbegriff)을 이해하는 일과 직결되는데, 이 경우 그 총합의 요소들은 다른 것이 아니라 전체적인 사유의 연관구조 속에서 충분히 정의되어 지속성과 일반성을 띤 개념들이다. 이 요소들의 결합은 하나의 확고한 토대를 가지며, 그 총합 속에서는 부분들이 소통의 목적을 위해 결국은 하나의 전체로서 함께 묶인다. 그렇게 묶이는 것은, 현실성의 한 구성 요소가 명제들의 결합을 통해 그것의 전체성 속에서

'과학'이라는 말을 단수형을 쓰고 있다. 하지만 (1)과 (2) 두 경우는 사용된 문맥 속에서 충분히 인지되므로 별도의 구별 없이 모두 '과학'으로 옮겼다. 이 밖에 (3) 각주에서 어떤 과학의 분과를 가리키는 말과 붙어 책의 제목으로 쓰인 경우에는 수 구분 없이 모두 '과학'으로 옮겼다.

사유되거나, 아니면 인간적 행위의 한 갈래가 그 결합을 통해 조정되기 때문이다. 우리는 그러므로 과학이라는 표현을 통해 정신적 사실들의 모든 총합을 가리킬 수 있다. 이 총합은 바로 위에서 언급된 특징들을 나타내며, 그 결과 과학의 이름이 일반적으로 그 총합에 적용된다. 이에 따라 우리는 우리가 논해야 할 과제의 범위를 잠정적으로 표상할 수 있게 된다. 이러한 정신적 사실들 — 이 정신적 사실들은 인간 일반 속에서 역사적으로 발전해 왔으며, 일반적인 언어 용법에 따라 인간과 역사와 사회 등을 다루는 과학들에 대한 명명 또한 이 정신적 사실들에게 적용되어 왔다 — 은 우리가 정복하기보다는 오히려 우선 파악하길 원하는 현실성을 선축한다. 경험적인 방법은 우리에게 '사유가 과학들의 누적 속에서 자신의 문제를 해결하기 위해 사용하는 개별적인 절차들'의 가치를 역시 그 누적의 공간 안에서 역사적 · 비판적으로 분석하여 전개할 것을 요구한다. 아울러 이 방법은 인간 자신이 주체인 거대한 발전 과정에 대한 관찰을 통해 그러한 발전 과정 안에서 인식과 지식의 성질을 규명할 것을 우리에게 요청한다. 이러한 방법은 최근에 빈번히 사용되는 (정확하게 말하자면 소위 실증주의자들이 사용하고 있는) 방법과는 정반대의 자리에 있다. 실증주의자들은 대부분 자연과학의 작업 속에서 생겨난 지식의 정의로부터 과학의 개념 내용을 이끌어내고, 또 그와 같은 내용을 통해서 다음의 사안, 즉 어떤 종류의 지성적 행위가 '하나의 과학'으로서 인정될 수 있는 것인지를 결정한다. 심지어 그들 중 일부는 자의적으로 내린 지식의 개념에 입각해, 근시안적으로 그리고 주제넘게, 역사서술을 단지 훌륭한 장인들의 생산물로 간주하면서 그 과학적 지위를 부정하고 있다. 그리고 또 다른 실증주의자들은 '정언명제들 위에 세워진 과학들'은 현실성에 대한 판단과 전혀 무관하며, 그렇기 때문에 그것들은 현실성에 대한 인식 속에서 달리 변양되어야 할 것들이라고 주장하고 있다.

'과학'의 개념 아래로 떨어지는 정신적 사실들의 총합은 보통 두 가지로 분화된다. 그중 하나는 자연과학이라는 말로 일컬어진다. 하지만 다른 하나는, 정말 이상한 일이지만, 일반적으로 승인된 이름을 가지고 있지 않다. 지성적 세계의 이 '별다른 용어를 지니지 못했던' 또 다른 절반을 정신과학이라고 명명하는 사상가들의 생각에 나는 동의한다. 그 이름은 광범위하게 유포된 밀의 논리학에 어느 정도 힘입은 까닭에 비로소 상식적이고 일반적인 것으로서 이해되었다. 그리고 이 이름은, 우리가 선택할 수도 있을 그 밖의 어울리지 않는 다른 모든 이름과 비교해 볼 때, 가장 적절한 것처럼 보인다. 그러나 그렇다 해도 이 이름은 본 연구의 대상을 매우 불완전하게 표현하고 있는데, 왜냐하면 이 연구 자체에서는 '정신적인 삶의 [심리적] 사실들'이 인간 본성의 심리적 · 물리적(psycho-physisch)[8)]인 통일성으로부터 분리되지 않는 것으로 여겨지기 때문이다. 역사적 · 사회적 사실들을 기술하고 분석하려는 이론은 이러한 인간 본성의 총체성과 단절할 수 없으며, 따라서 자신의 연구 대상을 정신적인 것에 국한시킬 수도 없다. 그러나 그 이름의 표현은 이러한 결점을 다른 모든 것들, 즉 사회에 대한 과학(사회학) 및 도덕적인 것, 역사적인 것, 문화적인 것 등에 대한 과학들(도덕과학, 역사과학, 문화과학) 등 지금껏 사용되어 온 이름들과 공유한다. 이러한 이름들 모두는 그것들 자신이 표현하기로 되어 있는 대상들 모두를 포괄하기에는 너무 협소한 의미를 지니고 있다는 결함에 시달리고 있다. 그렇지만 여기에서 선택된

---

8) (옮긴이 주) 이 책의 핵심 용어 중 하나인 심리적 · 물리적 통일체는 일차적으로는 각 인간 개체의 심리적 측면과 물리적 측면의 이중성을 뜻하지만, 결국은 인간 개체들 전체와 역사적 · 사회적 세계 간의 상호연관성 차원에서의 이중성으로 귀결된다. 따라서 이때 심리적이라는 말은 분석적 · 생리학적인 심리학의 의미보다 훨씬 더 넓은 의미를 갖는 것, 즉 인간의 정신적인 활동의 본성을 철학적으로 연구하는 인식론적인 의미에서의 심리학과 상응한다.

그 이름[정신과학]은 최소한 다음과 같은 미덕을 갖는다. 즉 그것은 사실들의 중심 부분—사실들의 이 중심 부분을 통해 우리는 현실성 속에서 드러나는 정신과학의 통합을 목격하며, 또 그렇게 목격된 정신과학의 범위를 작도하는 한편, 이로써 자연과학에 대한(gegen) 정신과학의 한계들을 비록 완전하게는 아니더라도 정렬할 수 있게 된다—을 타당하게 나타낼 수 있다.

이러한 정신과학을 자연과학으로부터 하나의 전체로서 구분해 냄으로써 그 경계를 습관적으로 한정하려는 타성을 발생시키는 동기는, 따지고 보면 인간적인 자기의식의 깊이와 총체성에 닿아 있다. 심지어 정신의 기원에 대한 탐구의 영향을 받지 않을 때조차도 인간은 이러한 자기의식 속에서 의지의 주권, 행동의 책임성, 모든 것들을 사유에 종속시키는 힘, 자신의 인격의 관할지 내부에서 외부의 모든 것들에 대해 저항하는 능력 등을 발견한다. 그러고는 이러한 것들을 통해 우리 인간은 자연 전체로부터 자신을 떼어놓는다. 우리 인간은 자연 속에서 자신이 사실은, 스피노자(B. Spinoza)의 표현대로, "어떤 주권 내의 다른 주권(imperium in imperio)"임을 깨닫는다.[9] 인간

9) 파스칼(B. Pascal)은 삶에서 느낄 수 있는 이러한 정서를 《팡세

들에 대해선 단지 의식의 사실로서 존재하는 것만이 실존하기 때문에, 결국 삶의 모든 가치와 목적은 인간의 내부에서 독립적으로 작용하는 정신적 세계 속에 놓여 있으며, 인간의 모든 행위는 정신적인 사실들을 생산해 내는 일을 목표로 삼게 된다. 그래서 인간은 자연의 영역으로부터 역사의 영역을 분리해 내는데, 비록 역사의 영역이 자연을 이루는 객관적 필연성의 연관구조에 둘러싸여 있다 하더라도, 그렇게 분리된 역사의 영역 전체의 무수한 지점들로부터 인간의 자유가 왈칵 흘러나온다. 그리고 바로 여기에서 의지의 활동들이, 자연 속에 있는 변화들의 기계적인 흐름—이 흐름은 출발할 때부터 자신의 내부에서 뒤에 일어날 모든 것을 이미 내포한다—과는 달리, 각 인간 속에서뿐만 아니라 인간 전체 속에서 실제적으로 무엇인가를 산출하는 가운데 진정한 발전을 이루어낸다. 이러한 산출과 이룸은 한 개인이 자신의 경험 속에서 늘 현재 시점의

(Pensées)》의 1항에서 다음과 같이 독창적으로 표현한 바 있다. "(…) 이 모든 불운들은 차라리 인간의 위대함을 입증한다. 그것들은 위대한 군주에게 내려진 재난이자, 왕관을 빼앗긴 왕의 재난이기도 하다. 우리는 경멸의 상황에 처해 있음을 참을 수 없으며, 또한 어떤 다른 영혼의 평가 속에서 존재하지 않는 상황도 참을 수 없을 정도로 인간의 영혼에 대한 고귀한 이념을 갖고 있다." 《전집 1권》, Paris, 1866, 248~249쪽.

의미로서 자각 · 인지하는 수고와 희생을 통해 달성된다. 의지의 활동들이 몰고 올 그 성취는 의식 속에 있는 자연 과정의 지루하고 공허한 '반복'—정신적 발전을 우상처럼 숭배하는 자들은 이 반복에 대한 표상 속에서 역사적 진보의 이념에 탐닉하고 있다—을 능가하는 방편이 된다.

물론 형이상학의 시대—이 시대의 관점에 따르면, 설명의 토대에서의 이러한 차이는 세계의 연관구조 자체의 객관적인 분절 구조화(die Gliederung) 속에 들어 있는 실체적인 차이로서 곧바로 표현되었다—에서는 무익하게도, 정신적인 삶의 사실들과 자연 과정의 사실들 사이의 이 같은 구별을 위한 객관적 근거에 바쳐질 공식들을 확립하고 규명하기 위해 고투했다. 고대의 형이상학이 중세 사상가들의 손을 거치며 겪었던 모든 변화 중 다음의 사실보다 중요한 것은 없었다. 즉 중세의 사상가들이 처해 있던 상황에서, 달리 말하자면 모든 것을 지배하는 종교적이고 신학적인 경향과의 연관구조 속에서, 이제 '마음들의 세계'와 '몸들의 세계' 사이의 차이성에 대한 정의는 신성에 대한 이러한 두 세계의 관계와 더불어 그 체계[형이상학]의 중심점으로 들어서게 되었다. 중세의 주요한 형이상학적 저작물인 토마스 아퀴나스의 《가톨릭 교리의 진리에 대한 개요》는 책 2권에서부터 창조된 세계의 분절 구조화를 개관하고 있다. 비록 신 자체 안에서는 이 두 가지[세계]가 동일화된다 하더라도, 이 세계 속에서는 실존(esse)이 본질(essentia quidditas)과 구별된다.[10] 이 '개요'는 창조된 존재들의 위계에 따라 정신적인 실체들이 필연적인 하나의 최고 분절과 다르지 않은 것임을 논증한다. 이 논증에서의 정신적 실체들은 물질이나 형태로 합성된 것이 아니라, 그 자체가 몸 없이 무형으로서 존재하는 것, 즉 천사들이다. 토마스 아퀴나스의 '개요'는 이 천사들을 지성적인 실체들이나 혹은 비육체적으로 존속하는 형태들-이러한 것들은 그들의 종(種)들(즉, 인간 종들)을 완전하게 만들기 위해 육체를 필요로 한다-로부터 분리한다. 그리고 그 '개요'는 아랍 철학자들과의 논쟁 속에서 이와 같은 요점을 넘어 인간 정신에 대한 하나의 형이상학으로 발전했으며, 이 형이상학은 우리 시대를 사는 최근의 형이상학적 저술가들에까지 그 영향력을 미치고 있다.[11] 소멸하지 않을 실제들의 이 세계로부터 그 '개요'는 물질과 형태의 결합 속에 자신의 본질을 두고 있는 '창조된 존재'의

---

10) Thomas Aquinas, 《이교도들에 대한 개요 I권(Summa Contra Gentiles I)》, cura Uccellii, Rome, 1878, 22장. 그리고 II권의 54장과 비교.

11) 같은 책 II권, 46장 이하.

부분을 한정하여 분리한다. 토마스 아퀴나스의 이러한 '정신의 형이상학(이성적 심리학)'은 이후 또 다른 뛰어난 형이상학자들에 의해 당시의 지배적 경향이던 자연의 연관구조에 대한 새로운 기계적 이해 및 미립자 철학과 연관되었다. 그러나 실체에 대한 그와 같은 형이상학적 교설 위에서 정신과 육체의 관계에 대한 견고한 표상을 형성해 내기 위해 자연에 대한 새로운 해석을 하나의 방법으로 끌어들였던 모든 시도는 실패했다. 데카르트(R. Descartes)는 명석하고 판명한 공간의 크기로서의 육체들의 특성에 근거해서 자연에 대한 자신의 표상을 하나의 거대한 기계로서 펼쳐 보이고, 또 이러한 전체 속에서 현존하는 움직임의 운동량을 지속적인 것으로서 고찰했다. 하지만 단지 어떤 단일한 영혼이 하나의 운동을 외부로부터 그러한 물질적 체계 속으로 끌어들였다는 가정이 성립하는 순간, 하나의 이원론적 모순이 그 체계 안으로 들어서게 되었다. 그러한 연장된 체계에 대해 비공간적 실체들이 끼치는 영향의 표상 불가능성은 다음의 사실, 이를테면 정신과 육체의 상호작용이 일어나는 공간적 장소를 하나의 지점으로 축약함으로써 그 어려움을 없애버릴 수 있을 것이라고 여겼던 데카르트의 논리 구성을 통해서도, 전혀 줄어들지 않았다. 신성(die Gottheit)이 항상 반복적으로 개입함으로써 그 상호작용들의 놀이(das Spiel)를 지속적으로 유지시킨다는 견해뿐 아니라, 이와는 달리, 가장 유능한 장인으로서의 신이 자연의 어떤 과정이 하나의 감각을 불러내는 것처럼 보이도록, 그리고 하나의 의지 행위가 외부세계의 어떤 변화를 야기하는 듯 보이게 하도록, 처음부터 정신세계의 시계와 물리적 체계의 시계를 설정해 놓았다는 견해는, 비록 이 견해들이 정신적인 실체에 대한 '전통의 형이상학'과 자연에 대한 새로운 형이상학의 양립 불가능성을 가능한 한 명확히 논증한다 해도, 공상적일 정도로 무모하다. 따라서 정신적 실체 세계와 자연의 세계를 둘러싼 이러한 문제는 결국 형이상학적 관점들 일반을 해소하도록 부단히 자극하는 하나의 계기로 작동했다. 그 문제에 대한 해소는 '보다 늦게 생겨났던 인식'—자세히 말하자면, 자기의식의 체험은 실체 개념의 출발점이며, 이러한 실체 개념은 '근거의 원칙'에 따라 발전된 인식이 성취해 낸 외적 경험들에다 자기의식의 체험을 적응시키는 일로부터 발생한다는 사실에 대한 깨달음, 그리고 정신적인 실체들에 대한 이러한 교설은 다른 어떤 것이 아니라 바로 이런 방식의 변형 속에서 발전된 개념이 자신의 싹을 처음부터 근원적으로 내부에 품고 있던 자기의식의 체험으로 되돌아가는 이행일 뿐이라는 사실에 대한 깨달음—속에서 온전하게 실행되었다.

물질적 실체들과 정신적 실체들의 대조가 있던 자리에는 감성을 통한 외적 지각(감각)에 주어진 어떤 것으로서의 '외부 세계'와 심리적 사건들과 활동들의 내적 파악(반성)을 통해 일차적으로 제출된 어떤 것으로서의 '내부 세계' 사이의 대조가 들어섰다. 이로써 정신적 실체의 세계와 자연의 세계를 둘러싼 그 문제는 더욱 겸손한, 그러나 경험적 취급의 가능성을 포괄하는 자세를 수용하게 된다. 그리고 이성적인 심리학의 실체에 대한 교설 속에서 과학적으로 지지될 수 없는 표명으로 생각되었던 것과 같은 종류의 체험들은 이제 새롭고 더 나은 방법들을 고려하면서 자신을 주장하게 된다.

오로지 감성 속에만 주어진 재료들을 사유로써 연결하는 사건들이 내적인 경험에 일차적으로, 다시 말해 감성의 어떤 도움도 없이, 주어져 있는 사실들로부터 특별한 부류로서 분리되고, 이어 하나의 확실한 방법－그러한 사건들의 원인이 유비추론에 상당하는 하나의 절차 속에서 마치 외부의 자연 과정들에 있는 것처럼 보이도록 하는 방법－을 통해 그러한 사건들이 외부의 자연 과정이 갖는 원인에 대해 파악하는 내적인 경험 속에 일차적으로 주어진 재료들로부터 형성된다는 비판적 관점의 사실은 정신과학의 독립적 구성의 조건을 무엇보다도 먼저 충분히 만족시킨다. 경험들의 고유한 영역이 성립하는 것도 바로 이 자리에서다. 그 영역은 내적인 체험 속에서 자신의 독립적인 근원과 [내용의] 재료를 갖게 되며, 이에 따라 자연적으로 하나의 개별적인 경험과학의 대상이 된다. 그리고 어떤 누구도 격렬한 열정, 시적 조형의 창조성, 사려 깊은 고안 등 괴테의 삶으로써 표현할 수 있는 것들의 총합을 그의 두뇌 구조와 그의 육체의 특성들로부터 끌어내고, 또 그렇게 함으로써 그것들을 더 잘 해명할 수 있다고 주장할 수 없는 한, 그와 같은 과학의 독립적인 위치 역시 반박되지 않을 것이다. 우리에 대해 무릇 현존하는 것은 이러한 내적 경험의 힘으로서 존립하는 것인 까닭에, 그리고 우리에게 가치를 갖거나 목적이 되는 것은 오로지 우리의 의지와 감정의 체험 속에서 그렇게 주어지는 것인 까닭에, 다음의 사실이 성립한다. 즉, 자연이 어디까지 우리에 대해 존재할 수 있는지를 결정하는 우리의 인식 원리들은 이러한 과학 속에 놓여 있으며, 또 자연과의 모든 실천적 소통을 위한 근거가 되는 목적들, 좋음들, 가치들 등의 현존을 설명하는 '우리들의 행위 원리들'이 존재하는 것도 그러한 과학 속에서다.

자연과학 곁에서 나란히 존재하는 정신과학의 독립적

인 상태를 떠받치고 있는 더 깊은 근거가 무엇인지, 혹은 도대체 어떤 상태가 정신과학의 중심 부분을 구성하고 있는 것인지의 문제가 이 책에서 나름의 단계를 거치며 점차적으로 규명될 것이다. 이 책이 무엇보다도 정신적 세계의 전체 체험을 줄곧 그것[정신적 세계의 전체 체험]의 자연에 대한 모든 감성적 경험과의 비교 불가능성 속에서 분석할 것이기 때문에 그러하다. 하지만 이 규명은 방금 언급한 문제를 단지 이중적 감성－이 이중적 감성 안에서 그러한 두 사실들의 영역이 갖는 비교 불가능성을 주장할 수 있게 된다－에 대해 논급하는 수준에서 이루어질 것이다. 그리고 이러한 규명에 따라, 자연인식(das Naturerkennens)이 갖는 한계들의 개념 역시 하나의 이중적 의미를 수용하게 될 것이다.

우리 시대의 뛰어난 자연과학자 레몽은 그의 한 논문에서 상당히 심도 깊은 논의를 통해 이러한 한계들을 규정하는 일에 착수한 바 있으며, 최근에는 자신의 과학이 갖는 이러한 '한계 규정하기'에 대해 보다 상세하게 설명하고 있다.[12] 정말로, 우리가 물질적(육체적)인 세계의 모든

12) B. Reymond, 《자연인식의 한계에 대해(Über die Grenzen des Naturerkennens)》, 1872, 그리고 《세계의 일곱 가지 수수께끼(Die Sieben Welträtsel)》, 1881 비교.

변양들이 지속적인 중심력을 통해 야기되는 원자들의 운동들로 분해될 수 있는 것이라고 생각한다면, 우리에게 세계의 모든 것들은 자연과학적으로 인식될 수 있을 것이다. 하나의 "정신"—그는 이 말[정신]에 대한 라플라스의 표상으로부터 논의를 시작한다—이 "어떤 주어진 순간에 자연 속에서 작용하는 모든 힘들 및 자연을 꾸며 이루는 존재들의 상호 상태를 알고 있으며, 또한 이러한 것들에 대해 이야기된 것들을 분석하기에 충분한 이해력을 아울러 품고 있을 정도로 포괄적인 것이라면, 그것[정신]은 하나의 동일한 공식들 속에서 가장 경미한 원자의 움직임과 가장 커다란 천체의 운동 모두를 파악할 수 있을 것이다".[13] 천문학에서의 인간적인 지성이란 "그와 같은 정신의 희미한 모상"에 다름 아닌 것이라 생각했던 까닭에, 레몽은 라플라스가 표상했던 물질적인 체계의 인식을 천문학적인 것으로서 명명한다. 이와 같은 표상으로부터 우리는 자연과학적인 정신의 경향을 안으로 가두고 있는 한계들에 대한 하나의 매우 명확한 인식에 사실상 도달할 수 있다.

---

13) P. Laplace, 《개연성에 대한 시론(Essai sur les Probabilités)》, Paris, 1814, 3쪽.

이 책의 탐구 방법 안으로 자연인식의 한계를 표상하는 개념에 관계된 하나의 구분을 끌어들이는 일이 필요하다. 우리에게 경험의 상관물로서의 현실성은 의식의 내적 경험과 감성의 분절 구조화가 함께 작동하는 협동의 장에서 주어지는 것이기 때문에, 이러한 주어짐의 장을 통해 규정된 내적 경험의 성분에 든 기원의 차이성으로부터 하나의 비교 불가능성이 우리의 과학적 계산의 요소들 내부에서 생겨난다. 그리고 이러한 비교 불가능성은 어느 한 쪽의 특정한 기원의 사실성을 또 다른 쪽의 그것으로부터 이끌어내는 일을 거부한다. 따라서 우리는 공간의 특성들로부터 물질의 표상에 다다를 수가 있지만, 이 일은 그 안에서 우리가 저항력을 경험하게 되는 촉감의 사실성을 경유해서만이 가능하게 된다. 감성들 각각은 그것이 어떤 것이든 자신들이 두른 고유한 성질들의 영역 속에 갇혀 있는데, 주어진 어떤 순간에 하나의 의식 상태를 이해하게 되는 존재가 사실은 인간이라면, 우리는 감성의 수용 상태로부터 사실들의 내적 상태에 대한 앎으로 이행해야만 한다. 우리가 할 수 있는 것은 그러니까 [인식의] 자료들을 비교 불가능성의 사태 내부에서—이 내부에서 그것들은 자신들의 서로 다른 기원을 좇아서 나타난다—받아들이는 것이다. 그리고 이 때문에, 그것들의 사실성은 우리에게 깊이를 헤아릴 수 없는 불가해한 것이 된다. 또, 우리의 모든 인식 행위가 동시발생성과 연속성 속에서 동일형태성들을 확립하는 일에 한정되고, 그렇게 확립된 동일형태성들에 맞추어 [인식의] 자료들이 우리의 경험에 따라서 상호 관련을 맺게 된다. 모든 인식 행위의 이러한 한계들은 우리들의 경험 자체의 실제 조건들 속에 들어 있는 그런 것이며, 자연과학의 모든 지점에 존재하는 한계들은 따라서 자연인식이 충돌하게 되는 어떤 '외적 제한'들이 아니라, 경험 자체 속에 내재해 있는 인식 행위의 조건들이다. 그러나 인식의 이러한 내적 제한들의 현존은 결코 인식의 기능을 저해하는 방해물들을 구축하지 않는다. 흔히 사람은 '파악함'이라는 말로써 어떤 사실의 연관구조를 해석하는 일에서의 충분한 투명성과 짝하는 인식의 성취를 가리키지만, 여기에서 지금 우리와 관계있는 것은 파악함 자체가 부딪치는 제한들을 다루는 일이다. 그러나 그렇다 하여도, [자연]과학이 현실성 속에서의 변화들을 원사들의 운동으로 소급하는 자신의 계산 아래로 감각의 질들이나 의식의 사실들 중 어떤 하나를 종속시키기는 마찬가지다. 즉 그러한 질들이나 사실들을 그와 같은 소급적인 방식으로 종속시키는 일이 벌어진다 하더라도, 연역 불가능성의 그 [불가해한] 사실이 현실성 속의 변화들에 대한 그러한 가동(稼動)들을 방해하는 것은 결코 아니다. '나'는 운동량이나 단순한 수학적 확실성으로부터 의식의 과정으로의 이행을 발견할 수 없는 것처럼, 역시 운동량이나 수학적 확실성으로부터 색이나 소리로의 이행을 발견할 수가 없다. 달리 말해서, '나'는 두뇌 속의 과정을 통하여 부정적 판단을 설명할 수 없는 것처럼 푸른빛에 적합하게 상응하는 파동의 수를 통하여 푸른빛을 설명할 수가 없다. 물리학은 감성에 잡히는 푸른 감각의 질을 설명하는 일을 생리학에게 맡기기 때문에, 그러나 생리학 또한 물질적인 부분들의 움직임으로부터 감각의 '푸른 질'에 대한 설명을 해낼 수가 없어 이를 곧바로 심리학에게 넘겨주기 때문에, 그 일은 마치 하나의 요술에 걸린 것처럼 결국은 심리학 곁에 바짝 붙어 있게 된다. 하지만 감각의 과정에서 감각의 질들이 발생되게끔 설정된 가설은 그 자체에 있어 무엇보다도 하나의 계산—이 계산은 '나'의 경험에 주어진 듯 보이는 '현실성 속의 변화들'을 두고, 그것이 '나'의 경험의 부분 내용을 형성하는 현실성 내부의 변화들의 어떤 부류에 뿌리를 내리고 있다고 여기는 추정을 뜻한다—을 위한 지지 수단일 뿐이다. 이 경우에서라면, 그러한 계산 혹은 추정은 용이한 인식 수행의 목적을 위해 그 [현실성 속의] 변화들을 단순한 평면의 수준으로 가져오려고 기획된 일종의 전략이다. 만일, 명확하게 한정된 사실들 — 이 사실들은 기계론적인 자연 관찰의 연관구조 속에 단단히 고정되어 있다 — 을 지속적이고 견고하게 확립된 의식의 사실들로 대체하는 것이 가능하다면, 그리고 이 두 개의 사실 중 첫 번째 것[명확하게 한정된 사실들]이 들어 있는 동일 형태성의 체계를 통해 경험과의 일치 속에서 의식 과정들의 발생을 규정하는 것이 또한 가능하다면, 이에 따라 그러한 의식의 사실들은 그것들이 예컨대 '소리'든 혹은 '색'이든 간에 자연인식의 연관구조에 잘 들어맞게 될 것이다.

그러나 정확히 말하자면, 여기에서의 정신적인 과정들과 물질적인 과정들의 비교 불가능성은 이와는 완전히 다른 이해 속에서 자신의 의의를 주장한다. 그러고는 전혀 다른 성질을 갖는 자연인식의 한계를 가리킨다. 기계적인 자연 질서의 사실들로부터 정신적인 사실들을 이끌어내는 일의 불가능성 — 이 불가능성은 그것들의 기원의 차이에서 유래한다 — 은 전자[기계적인 자연 질서의 사실들]의 체계에 후자[정신적인 사실들]가 적응되지 못하도록 방해하지 않는다. 정신적인 세계의 사실들 사이의 관계들이, 기계적인 자연인식에 의거해 확립된 것들에 대한 정신적 사실들의 종속이 불가능할 정도로, 그 종류에 있어 자연

과정의 동일형태성과는 비교가 불가능한 것이라는 사실이 드러날 때, 오직 그때서야 비로소 우리는 경험적 인식의 내재적 제한들이 아니라 그곳에서 자연인식이 멈추고 그리하여 자신의 고유한 주요 사항을 다루며 스스로를 형성하는 독립적인 하나의 정신과학이 시작되는 한계들을 논증할 수 있다. 근본적인 문제는 결국 정신적 사실들의 관계들과 이 정신적 사실들을 물질의 작은 단면들이나 단순한 성질들로 정돈하는 것을 애당초 배제하는 물질적 과정들의 동일형태성들 사이의 비교 불가능성의 분명한 특질을 확립하는 데 있다. 따라서 이 '비교 불가능성'은 아무래도 수학, 물리학, 화학, 생리학 등에서 더욱 적확하게 발전된 상호 종속의 관계 위에서 논리적으로 전개되는 물질의 법칙들이 가리킬 개별적 영역 사이에서 나타나는 차이성과는 전적으로 다른 종류의 것이어야 한다. 정신의 사실들을 물질의 연관구조 및 특성과 법칙들 밖으로 몰아내는 배척의 사태는 항상 하나의 모순—이때의 모순은 어떤 영역에 있는 사실들의 관계들을 또 다른 영역에 있는 사실들의 관계들에 종속시키려고 시도할 경우에 발생하는 것이다—을 가정하게 된다. 그리고 이러한 것은 사실은 다음의 생각이 가리키는 의미와 같다. 즉, 자기의식의 사실들 및 자기의식과 연결된 의식들의 통일체, 그리고 자유

및 자유와 연결된 도덕적 삶의 사실들 등의 자리에서 물질에 대한 정신적인 삶의 비교 불가능성이 물질의 분할 가능성 및 물질의 공간적 조직, 그리고 물질의 개별적 미분자들의 활동을 성립시키는 기계적 필연성 등과의 대조 속에서 입증된다. 의식의 통일성과 의지의 자발성이라는 사실들의 토대 위에서 모든 자연 질서와 정신적인 것 사이의 그러한 비교 불가능성이 갖는 특질을 공식화하려는 노력은, 따지고 보면 자연을 향한 정신의 태도에 대한 보다 엄격한 반성만큼이나 오래된 것이다.

레몽은, 한편으로는 경험의 내재적 제한들 사이의 이러한 차이를, 그리고 다른 한편으로는 자연인식의 연관구조 아래로 사실들을 종속시키는 한계들 사이의 차이를 자신의 설명 속으로 끌어들였다. 이로 인해 그 '한계와 이해불가능성'의 개념들은 결국 정확하게 정의할 수 있는 하나의 의미를 수용하게 된다. 그리고 그 결과 여러 가지의 어려운 장애, 즉 그의 논문 속에 소화된 자연인식의 한계들을 다루는 논쟁 속에서 두드러지게 나타난 숱한 난점들이 사라지게 된다. 경험의 내재적 제한들의 실존은 정신적인 사실들을 물질에 대한 인식의 연관구조 아래로 종속하는 물음을 어떤 방식으로도 처결할 수 없다. 만일 우리가 헤켈(E. Häckel)과 다른 과학자들이 그래왔던 것처럼 어떤 유기체를 이루는 요소들 속에 존재할 심리적 생명을 가정하려고 시도한다면, 그리고 이 가정을 통해 정신적인 사실들을 자연의 연관구조에 종속시키는 결과를 낳게 된다면, 그와 같은 시도와 모든 경험의 내적 제한들에 대한 인식 사이에서는 결코 어떤 배척의 관계도 성립하지 않을 것이다. 단지 자연인식의 한계들을 달리 다루는 또 다른 종류의 탐구만이 그러한 시도에 대해 평결할 수 있다. 이러한 사실 때문에 레몽은 두 번째 탐구를 강행했고, 또한 의식의 통일성에 대한 논의뿐 아니라 의지의 자발성에 대한 논의를 자신의 논증에 사용했다. "정신적인 과정들은 결코 정신적인 과정들의 물질적인 조건들로부터 파악되는 것이 아니다"[14]라는 그의 논증은 다음과 같은 견지에 따라 성취된다. 즉, 비록 물질적 체계의 모든 부분들 및 이 부분들의 상호 정황들과 운동들에 대한 완전한 인식을 우리가 가졌다 하더라도 탄소와 수소, 질소, 혹은 산소의 원자들이 어떤 상태에 놓여 있고 어떻게 운동을 하는지의 문제가 어째서 그 원소들의 수와 관련이 있는지가 완전히 이해할 수 없는 것으로서 여전히 남아 있다. 정신적인 것의 이러

14) 이 논증은, B. Reymond, 《자연인식의 한계에 대해》(4판), 28쪽에서부터 시작된다.

한 이해 불가능성은 만일 누군가가 단자들과도 같은 이러한 원소 각각에게 개개의 고립된 의식을 부여한다 하더라도 유사하게 지속된다. 그리고 이와 같은 가정으로부터 시작되는 이상, 이러한 논증은 그 개체의 통일적 의식을 설명할 수 없게 된다.[15] 레몽이 입증해야만 하는 명제는

---

15) 같은 책, 29~30쪽. 그리고 《세계의 일곱 가지 수수께끼》 7쪽 비교 · 참조. 부연하자면 이러한 논증은 이를테면 원자론적 역학으로부터 형이상학적 타당성이 유래할 경우에만 결론의 설득력을 가질 뿐이다. 이러한 논증의 역사에 대한 레몽의 논급은 이성적 심리학의 고전적 인물인 멘델스존(M. Mendelssohn)의 간명한 표명에 비교될 수 있다. 예컨대 그의 《저작들》(Leipzig, 1880) I권을 보면, (1) "대리석 덩어리로부터 인간의 육체를 구별하는 모든 것들은 운동으로 환원될 수 있다. 그러나 운동은 위치나 장소의 변경 이외의 어떤 것도 아니다. 세계 속에서 장소나 위치의 모든 가능한 변화들을 통해서는, 그 변화들이 무엇으로 합성된 것이든 간에, 장소나 위치 속에서 발생하는 변화들에 대한 어떤 지각도 얻을 수 없다는 주장은 명백해 보인다." (2) "모든 물질들은 다수의 부분들로써 이루어졌다. 만일 개별적인 생각들 혹은 표상들이 마치 자연의 대상들에서처럼 우리의 영혼 속에서 부분들로서 서로 고립되어 있는 것이라면, 우리는 어디에서도 전체를 만날 수 없을 것이다. 우리는 다양한 감각들의 인상을 비교할 수 없으며, 여러 표상들을 서로 짝지어 담을 수도 없다. 또한 우리는 어떤 관계와 비례도 인식할 수 없다. 이러한 사실로부터, 사유에서뿐만 아니라 감각에서도 '다수의 것'들이 함께 '하나의 전체' 속으로 결집해야만 한다는 사실이 분명해진다. 그러나 물질은 결코 하나의 단일한 주체가 될 수 없기 때문에" 칸트는 이러한 "'순수한 영혼 이론(die reine Seelenlehre)'의 모든 변증법적

"결코 파악할 수 없는 하나의 이중적 의미"라는 말에 처음부터 함축되어 있었다. 이 '이중적 의미'는 그 논증 자체 속에서 전체적으로 서로 영향을 끼치는 다른 두 개의 논증으로 나타난다. 그에 의하면 우선, 정신적인 사실들을 물질적인 변화들로부터 도출하려는 시도—이 시도는 이제 조야한 유물론으로 간주되어 퇴조했으며 단지 그 요소들 속에 들어 있는 심리적인 특성들을 가정하는 방식에서만 유효할 뿐이다—가 모든 경험의 내적 제한들을 제거할 수 없다는 것은 분명하다. 하지만 그것은 정신을 자연인식에 종속시키는 것에 대해 저항할 아무 사항도 입증해 내지 못한다고 생각했던 그는 이제 다음과 같이 주장한다. 즉, 그러한 시도는 물질에 대한 우리의 표상과 우리 의식의 특성을 나타내는 통일성의 속성 사이의 모순 위에서 좌초될 수밖에 없다. 그러고는 헤겔에 맞선 자신의 후기 논쟁에서 이 주장의 논증에다 다음과 같은 또 다른 논증을 첨가한

귀결들의 아킬레스건"을 초월론적 심리학의 두 번째 오류 추리로서 전개한다. 한편 로체(R. H. Lotze)는 여러 저작들과 특히 최근의 저작인 《형이상학》(476쪽)에서 이러한 "관계적인 앎의 행위들"을 "영혼의 독립성에 대한 확신을 견고하게 받쳐주는 압도적인 근거로 향하지 않는 것"으로서 전개하면서 그의 형이상학적 체계의 한 부분을 위한 토대를 형성하고 있다.

다. 즉 그와 같은 가정 아래에서 더 확장된 심각한 모순이 다음의 두 사안, 이를테면 자연의 연관구조 속에 있는 하나의 물질적 원소가 기계적으로 결정되는 방식의 본질과 의지의 자발성이 체험되는 방식의 본질 사이에서 발생한다. 요컨대 (물질의 성분들 속에 있는) "의지", 레몽의 표현에 따르자면, "무엇인가를 하고자 하는 까닭에 무엇을 원하거나 원하지 않을 수 있는 것으로서 부피의 누적과는 정비례 관계 속에, 그리고 거리의 제곱과는 반비례 관계 속에 있는 의지"는 표현상 형용모순이다.[16)]

16) B. Reymond, 《세계의 일곱 가지 수수께끼》, 8쪽.

4. 자연과학 전체에 대한 정신과학 전체의 관계

그럼에도 불구하고, 보다 넓은 범위에서 고려할 경우에는 다음과 같이 말해도 틀리지 않다. 즉 정신과학은 자연의 사실들을 자기 자신의 내부에 포괄하며, 나아가 자연 인식 위에 정초되어 있다.

가령 누군가가 순수하게 정신적인 존재들을 오로지 순수하게 정신적인 존재들로서만 이루어진 인격들의 영역 속에 있는 것으로서만 생각한다고 하자. 그러면 그러한 존재들의 출현과 보존, 그리고 전개와 사라짐—우리 인간은 어떤 모습으로 표상되든지 간에 거기로부터 출현했고 또 거기로 되돌아가야 할 장소인 어떤 배경을 통해 형성된다—은 필경 어떤 정신적인 부류의 조건들과 묶이게 될 것이다. 때문에 그러한 존재들의 건강과 안녕은 정신적인 세계와 연관된 자신들의 '정신 상태' 속에서 정초될 것이다. 또한 그러한 존재들의 상호 결속과 잇따른 행위들은 순수하게 정신적인 수단을 통해 실현되며, 그러한 존재들의 행동이 낳을 지속적인 효력들은 순수하게 정신적인 종류가 될 것이다. 심지어 그러한 존재들이 인격들의 영역으로부터 철회되는 일조차 정신적인 토대 위에서 일어나는 사건이 될 수밖에 없다. 그러니까 그러한 존재들의 경우에서라면, 그 개체들의 체계 역시 아무래도 어떤 순수한 정신의 과학들 속에서 인식될 것이다. 하지만 하나의 개체가 존재하게 되고, 또 존재하기를 계속하는 것은 현실성 속에서이며, 이러한 개체가 발전하는 것은 '동물적 유기체의 기능들의 토대'와 '환경적으로 주어진 자연 과정에 대한 이 기능들의 관계들' 위에서다. 삶에 대한 그 개체의 느낌은 적어도 부분적으로는 그러한 기능들에 입각해 있다. 이러한 개체의 인상들은 개체 자신의 감각기관들과 이 감각기관들에게 수용되는 외부 세계의 자극들에게 제약을 받는다. 그래서 우리는 다음과 같은 사실, 즉 그러한 개체에서 보이는 표상들의 다양함과 가변성, 그리고 의지 작용들의 방향성과 강도 등은 그러한 개체 자신의 신경체계 속에 있는 변화들에 다양한 방식으로 의존하고 있다는 사실을 알게 된다. 이때 개체에서 발생하는 의지의 충동은 개체의 조직의 일부인 근섬유의 수축을 초래하며, 그리하여 외부를 향한 어떤 행위가 그 자신의 유기체를 구성하는 숱한 분자들의 상황적 관계들 속에서 다양하게 변화할 수 있게 된다. 이러한 개체에서, 의지 행위들의 지속적 효과들은 오로지 '물질적인 세계' 속에 존재하는 변화들의 형태로서만 실존할 것이다. 따라서 한 인간의 정신적인 삶은 인간의 현존재와 인간의 삶 자체가 말해주듯 단지 추상을 통해서만 분리될 수 있을 뿐인 '심리적 · 물리적인 삶의 통일체'의 부분이라야 맞다. 현실성은 살아 있는 개체들을 포괄하는 이러한 삶의 통일체의 체계에 다름 아닌 것으로서, 역사적 · 사회적 과학들의 대상을 이룬다.

아닌 게 아니라, 우리의 '이해'(이것이 형이상학적 사건을 의미하든 그렇지 않든) 안에 들어 있는 이중적 관점에 의거해 볼 때, 살아 있는 통일체로서의 인간존재는 두 가지로 나타난다. 우선 인간존재는 우리가 무엇인가를 내적으로 알게 되어 있는 한, 정신적인 사실들의 연관구조로서 현존하게 된다. 그리고 역으로 우리가 감성을 통해 무엇인가를 파악한다는 사실을 부인할 수 없는 한, 그러한 인간존재는 육체적인 전체로서 현존한다. 내적으로 알게 되는 것과 외적으로 파악하는 것은 결코 동일한 행위 안에서 발생하지 않는다. 따라서 우리에게 정신적인 삶의 사실과 육체적인 실존의 사실이 동시에 주어지는 일은 결코 없다. 때문에 서로 다른 두 개의 상호 간에 지양할 수 없는 입장들이 과학적 파악 앞에 필연적으로 생겨나는데, 이때의 과학적 파악은 물론 정신적인 사건들과 육체적인 세계를 그것들의 연관구조－심리적 · 물리적인 삶의 통일체는 이 연관구조의 표현에 다름 아니다－속에서 포착하려고 시도하는 것이다. 만일 '나'가 내적인 경험으로부터 출발한다면, '나'는 '나'의 의식 속에 주어진 외부 세계 전체와 자연 전체가 '나'의 의식의 조건들 아래에 묶여 있는, 또 그렇기 때문에 '나'의 의식의 조건들에 종속되어 있는 법칙들을 발견하게 된다. 이러한 것은 사실 지난 18세기와 지금 우리가 사는 19세기의 경계에서 초월론적 철학이라고 불렀던 관점의 요체다. 그러나 이와 반대로 만일 '나'가 자연의 연관구조를 자연적인 '나'의 파악 속에서 '나'에 대해 하나의 실재로서 대립하는 존재와 같은 것으로 여기는 동시에, 심리적인 사실들이 포함된 외부 세계의 시간적 과정 및 공간적 분할 속에서 무엇인가를 인지한다면, 그리고 만일 '나'가 정신적인 삶의 변화들이 하나의 관여(즉 자연 자신이나 인간의 실험이 만드는 것으로서, '나'의 신경체계에 압력을 행사하는 물질적인 변화들이 함축하고 있는 간섭)에 종속되어 있다는 사실을 발견한다면, 또한 삶의 어떤 생생한 전개와 병적인 상태들에 대한 관찰이 만일 이러한 [외적인 인지와 발견의] 경험들을 육체적인 것의 조건들로써 정신적인 것의 조건들을 포괄하는 모습으로 확장시킨다면, 외부로부터 내부로 혹은 물질적인 변화에서부터 정신적인 변화 쪽으로 육박하는 자연탐구자들의 파악이 분명 성립하게 된다. 그러므로 철학자와 자연과학자

사이에서 나타나는 대립성은 이들의 출발점이 갖는 상반적인 양상을 통하여 결정된다.

여기에서 우리는 자연과학의 탐구 방법을 이 논의의 출발점으로 삼을 수 있다. 자연과학의 탐구 방법이 자신의 한계를 의식하고 있는 한, 이 방법의 결과들은 이론의 여지가 없을 정도로 확실한 것이다. 그러한 결과들은 오로지 내적 경험의 관점으로부터 자신들의 인식론적 가치에 대한 보다 정확한 판단을 받아들인다. 자연과학은 자연 과정의 인과적 연관구조를 분석한다. 이러한 분석이 어떤 물질적 사건들 혹은 물질적 변화가 어떤 심리적 사건들 혹은 심리적인 변화와 규칙적으로 결합되는 지점에 도달하되, 그러한 두 사건들과 두 변화들 사이에서 찾을 수 있는 보다 넓은 의미에서의 어떤 연결 고리 없이 도달하는 자리에서라면, 확립할 수 있는 것은 엄밀히 말해서 그러한 '규칙적인 결합의 관계' 자체뿐일 것이다. 그러나 이러한 관계 위에서는 원인과 결과의 연결 사태가 드러날 수 없다. 우리는 삶의 어떤 한 영역이 갖는 동일형태성들이 삶의 또 다른 한 영역에 있는 동일형태성들과 규칙적으로 묶여 있음을, 그리고 기능(die Funktion)에 함축된 수학적인 개념이 이러한 연결 사태를 표현하고 있음을 알고 있다. 이러한 연결 사태에 대한 하나의 파악−이 파악에 의거할 경우, 정신적인 변화들의 경과는 육체(물질)적인 변화들의 경과와 함께 동일하게 맞춰진 두 시계들의 흐름에 비유될 수 있을 것이다－은 경험과 잘 어울린다는 측면에서 볼 때 다음의 파악, 즉 설명의 근거로서 단지 하나의 시계 장치만을 가정하는, 혹은 비유하지 않고 그대로 말하자면 경험의 두 영역들을 단일한 근거를 지닌 서로 다른 현상들로서 간주하는, 파악과 일치한다. 결국 자연의 연관구조에 대한 정신적인 것의 종속성은 이처럼 하나의 연결 사태를 뜻하는 것인데, 우선 이 연결 사태에 따라 일반적인 자연의 연관구조가 그러한 물질적인 사건들과 변화들을 인과적으로 규정한다. 그리고 이때의 물질적인 사건들과 변화들은, 우리에게 있어서 정신적인 사건 및 변화들과 '보다 확장된 그리고 인식 가능한' 어떤 매개 작용 없이 규칙적으로 연결된다. 자연인식이 심리 · 물리적인 삶의 자리에 이르기까지 잇달아 작용하는 원인들의 연쇄를 고찰하는 이유는 바로 여기에 있다. 그러나 여기에서 하나의 중대한 변화가 발생하는데, 이 변화 속에서 물질적인 것과 심리적인 것의 관계들이 자신들에 대한 인과적인 파악을 회피하며 스스로 이탈한다는 것이다. 그리고 이러한 변화는 물질적인 세계 속으로 하나의 변화를 소급적으로 불러들인다. 생리학자들의 실험에서 신경체계의 구조가 갖는 중요한 의의가 드러나는 것도 바로 이러한 연관구조의 장(場)에서다. 삶의 혼란스러운 현상들이 여러 종속성들에 대한 하나의 명확한 표상을 통해 분석되며, 이러한 표상 속에서 자연 과정의 경과는 [자신 내부의] 변화들을 인간에게로 가져다준다. 그런 후에 이 변화들은 감각기관을 입구로 삼아 신경체계 속으로 침범한다. 즉 감각, 표상, 느낌, 욕구 등이 발생하면서 자연 과정에 대해 반응한다. 삶의 통일체 자체—이 통일성은 우리를 분해되지 않은 인간 현존재의 어떤 즉각적인 느낌으로써 가득 채운다—가 우리의 '의식의 사실들'과 '신경체계의 기능들 및 구조' 사이에서 경험적으로 확립될 수 있는 관계들의 체계 속으로 용해된다. 모든 심리적인 활동은 우리의 신체 내부에서 어떤 변화와 결합된 신경체계를 통해서만 나타나기 때문에, 역으로 그 신체 내부에서의 변화는 단지 신경체계에 미치는 작용을 거칠 경우에만 우리의 심리적인 상태의 변화에 수반되어 나타난다.

심리적 · 물리적인 삶의 통일체들에 대한 이 같은 분석으로부터 이제 자연 전체의 연관구조에 대한 그것들[심리적 · 물리적인 삶의 통일체들]의 종속성을 가리키는 명료한 표상이 출현한다. 이로써 그것[자연 전체의 연관구조]의 내부에서 그것들[심리적 · 물리적인 삶의 통일체들]이 나타나고, 또 활동하고 있음이 밝혀진다. 한편 전자[자연 전체의 연관구조]에서 후자[심리적 · 물리적인 삶의 통일체들]가 나타나고 활동하며 다시 철회를 반복한다는 사실 또한 명확해진다. 사정이 이렇다면, 사회적 · 역사적 현실성 연구의 자연인식에 대한 종속성 역시 그러한 나타남, 활동, 그리고 철회의 과정을 겪기는 마찬가지일 것이다. 이러한 귀결 위에서라면, 콩트와 스펜서(H. Spencer)가 세운 통합과학(die Gesamtwissenschaft)의 위계 지형을 통해 정신과학의 위상에 대해 전개한 이론들에 합당한 '정당화의 정도'가 사정(査定)될 수 있을 것이다. 요컨대 이 논의가 정신과학의 상대적인 독립성을 정초하려 시도하고 있는 것처럼, 그것[그 두 철학자의 위계 지형] 또한 과학적 통합의 전체 속에서 정신과학이 갖는 위치의 또 다른 측면이 되게끔 종속성들의 체계를 펼쳐 보여야만 한다. 이때 이와 같은 필요에 상응하여 펼쳐질 그 '또 다른 측면으로서의 종속성들의 체계'에 따라 정신과학은 자연인식의 제약을 허용하게 된다. 그 결과 정신과학은 수학적인 토대 구축에서 비롯된 하나의 구조물 속에서 가장 최후의 그리고 가장 상층의 분절을 이루게 된다. 정신의 사실들은 자연의 사실들이 갖는 최고 한계들이며, 자연의 사실들은 정신적인 삶의 하부 조건들을 형성하는 것들이다. 정확하게 말하자면 인격들의 영역 혹은 인간적인 사회와 역사는 지금 여기의 시간과 공간에 다름 아닌 이 경험 세계의 현상들 가운데 가장 높은 단계의 것이기 때문에, 인간의 그러한 영역 혹은 사회에 대한 인식은 '자연 전체의 내부에 놓여 있는 상태에서 발전 · 전개되는 전제들의 체계'에 대한 앞선 인지를 무수한 지점들에서 필요로 한다.

정말이지 우리 인간은, 위에서 개관된 자연의 인과적인 연관구조에 처한 자신의 위치에 따라 하나의 이중 관계 속에서 자연의 제약을 받는다.

우리가 보아왔듯이 심리적 · 물리적 통일체는 자연의 일반적 과정으로부터 끊임없이 자극해 들어오는 영향들을 자신의 신경체계를 통해 수용하고 조정한다. 그리고는 자연 과정에 대해 또다시 반응한다. 그러나 그러한 심리적 · 물리적 통일체로부터 발생하는 작용들이 주로 어떤 목적들에 이끌리는 행위들로서 출현하는 것은, 심리적 · 물리적 통일체의 본성 속에서다. 이러한 심리적 · 물리적 통일체의 본성으로 말미암아, 한편으로는 자연 과정과 자연 과정의 상태가 목적들 자체를 형성하는 과정 중에 지도적이 되는 상황이 벌어질 수 있고, 또 다른 한편으로는 자연의 과정이 심리적 · 물리적 통일체와 이러한 목적들에 이르기 위한 어떤 수단의 체계로서 함께 참여하는 상황이 생길 수도 있다. 그래서 또한 우리 자신은 우리가 무엇인가를 결의하는 바로 그 순간에, 혹은 자연에 대해 어떤 영향을 행사하는 바로 그 순간에, 우리가 단지 맹목적인 힘들이 아니라 의지들－이 의지들은 자신의 목적들을 숙고 끝에 확정한다－의 주체라는 사실로 인해 자연의 연관구조에 종속되는 상황에 처할 수 있다. 심리적 · 물리적 통일체는 그러므로 자신과 마주하는 자연의 과정 아래에 이중적으로 딸려 있는 존재다. 한편으로는 자연의 과정은 원인들의 체계로서의 전(全) 우주 속에 있는 지구에 위치한 입각점으로부터 역사적 · 사회적 현실성을 한정한다. 이때 '자연의 연관구조'와 '인간의 자유'의 관계가 빚게 될 커다란 문제는 이러한 현실성 속에서 경험적으로 탐구하는 과학자들의 손을 통해 무수히 많은 개별적 물음들로 분해되며, 이렇게 분해된 물음들은 자연의 영향력들과 정신의 사실들 사이의 관계를 해명하는 과제에 직면한다. 다른 한편으로는 그러나 분명 지구를 향해, 아니 자연을 향해 소급해 들어가려는 운동들이 인격적인 영역의 목적들로부터 솟구친다. 이 솟구침은 인간이 자연 혹은 지구를 편안히 쉴 수 있는 자신의 고향으로 간주하고 있음을 알려준다. 물론 인간의 이 같은 향수와 연관된 그 소급의 숱한 힘들은 자연법칙의 연관구조를 사용하는 인간의 능력일 것이다. 하지만 인간의 내부에 있는 모든 목적들은 정신 과정 자체의 흐름 속에서만 배타적으로 존재한다. 왜냐하면, 그것이 무엇이든 간에 인간에 대해 거기에 존재하는 것인 이상, 그것은 오로지 인간의 정신 과정 내부에 있는 어떤 것이기 때문이다. 하지만 그렇다 하더라도, 이 경우 하나의 목적은 자연의 연관구조 속에서 자신의 수단을 찾는다. 정신의 창조적인 힘이 외적인 세계의 내부에서 산출해 내는 변화가 드물지 않게 은밀하다는 것, 게다가 오로지 외적인 세계 속에만 깃들어 있는 조정의 매개(die Vermittlung)만을 통해 정신의 힘이 창조한 가치들이 타자들에 대해서도 역시 유효한 가치들로서 존재한다는 것. 이 놀라운 사실들을 우리는 다음의 한 예로써 확인할 수 있다. 즉 고대인들의 심오한 정신적 노동의 물질적 잔여로 남아 있던 몇 장의 문건이 암암리에 지구의 운동을 가정하도록 지시하며 코페르니쿠스(N. Copernicus)의 손으로 들어왔다. 그리고 결국 그 몇 장의 문건은 세계를 바라보는 우리의 세계상을 전복하는 혁명의 출발점이 되었다.

이 자리에서 우리는 이제 과학의 이러한 두 유형을 구분하는 경계가 얼마나 상대적인 것인지를 통찰할 수 있게 된다. 예컨대 '일반 언어학'의 입장 너머로 이끌려 가는 논쟁들이 생산적이지 못한 것은 그 상대성 때문이다. 자연에 대한 연구로부터 정신에 대한 연구 쪽으로 우리의 행보를 이끄는 두 전환점에서, 달리 말해 '자연의 연관구조가 정신의 발전에 영향을 끼치는 지점들'과 '자연의 연관구조가 정신의 영향을 수용하는 지점들 혹은 또 다른 정신에게 영향을 끼치기 위한 통과소를 형성하는 지점들' 모두에서, 두 유형의 인식이 함께 철저히 뒤섞이는 것은 음(音)의 형성에 대한 연구에서도 마찬가지다. 여기에서도 자연과학의 인식은 정신과학의 인식과 혼합된다. 그리고 실제로 이러한 연관구조 속에서는 자연과 정신의 이중 관계－이 관계 안에서 자연의 과정이 정신적의 삶을 제약한다－에 따라 자연의 그 형성적인 영향을 인식하는 일과 행위들의 물질적인 내용으로서 행사되는 자연의 영향을 확인하는 일이 빈번히 뒤얽힌다. 예컨대 문법과 음악 이론의 중요한 부분은 음의 자연 발생적인 형성 법칙에 대한 인식으로부터 도출된다. 동시에, 역으로 음악이나 언어의 고유한 특성이 이러한 자연법칙과 하나로 묶여 있기 때문에, 음악이나 언어가 갖는 고유한 특성의 실행과 성취에 대한 연구는 그러한 도출의 종속성에 대한 이해의 제약을 받는다.

자연 속에 놓여 있는, 그리고 자연과학의 탐구로써 전개되는 어떤 조건들에 대한 우리의 인식이 하나의 넓은 범위 속에서 정신적인 사실들의 연구를 위한 토대를 구성한다는 더 깊은 사실을 우리가 통찰할 수 있는 것 또한 이 자리에서다. 개별적인 인간의 발전이 그러하듯, 지구 전체와 그리고 이것의 역사적 운명이 내리는 상태 모두를 넘어 뻗어나가는 인류의 확장 또한 매우 정연한 우주적 연관구조를 통해 규정된다. 예컨대 전쟁은 모든 역사의 핵심 성분이다. 전쟁이 역사의 핵을 이루는 것은 역사가 정치적인 것으로서 주로 국가들의 의지와 연관되어 있기 때문이다. 국가들의 의지는 무장을 통해 자신을 표현하며 이 무장을 통해 자신의 기획들을 관철한다. 하지만 전쟁에 대한 이론은 우선적으로 물리적인 것에 대한 인식에 의존한다. 이때 물리적인 것은 서로 다투는 의지들을 위해 하나의 토대와 수단을 제공한다. 전쟁이 적에게 우리의 의지를 강요하려는 자신[전쟁]의 고유한 목적을 추구하는 것은 단지 물리적인 폭력의 수단을 통해서일 뿐이기 때문이다. 이러한 내용들은 다음의 사실로 귀결된다. 즉, 우리는 전장에서 적에게 전쟁 같은 폭력 행위의 이론적 목적의 요체라 할 수 있는 무장해제의 수준에 이르도록 강요한다. 그리고 또한 우리는 적의 처지가 우리가 적에게 요구한 희생의 국면보다 훨씬 더 나빠지게 되는 상황까지 몰아붙임으로써 적이 더욱 불리한 상태에 빠져버릴 수 있도록 압박하게 된다. 따라서 이러한 거시적(groß)인 계산에서는 과학에서 가장 중요하고 또 과학자들이 대체적으로 몰두하는 숫자가 물리적인 조건들과 수단이 되는데, 이 경우 숫자의 심리적인 요인들에 대해 언급되는 일은 거의 없다.

인간과 역사 그리고 사회에 대한 과학들은 사실 우리가 생물학의 도움을 통해서만이 심리적 · 물리적 통일체들을 연구할 수 있는 처지를 벗을 수 없는 한, 그러나 동시에 그 심리적 · 물리적 통일체들의 발전과 의지에 찬 행동들을 발생시키는 수단－이 수단의 지배를 향해 심리적 · 물리적 통일체들의 발전과 의도에 찬 행위들이 광범위하게 정위된다－이 자연이라는 사실을 부인할 수 없는 한, 우선 자연에 대한 과학들 위에서 창설될 수밖에 없다. 이 중에서 먼저 언급된 '제한적 처지'의 양상을 고려할 경우, 유기체를 다루는 과학들이 그것들[인간에 대한 과학들과 역사와 사회에 대한 과학들]의 토대를 결정한다. 그리고 나중에 언급된 '제한적 사실'의 양상을 고려할 경우, 그러한 토대를 결정하는 과학들은 주로 무기체의 영역에서 자연을 다루는 과학들이다. 물론 우리가 설명해야만 하는 연관구조는 단연 다음의 두 사실들과 관련되어 있다. 하나는 이러한 자연적 제한들 혹은 조건들이 지구 상의 정신적 삶의 '발전과 배치'를 결정한다는 것이다. 다른 하나는 인간의 목적에 따른 활동들은 자연의 법칙들에 묶여 있으며, 그런 까닭에 목적에 입각한 인간의 행위들은 자연에 대한 '인식과 사용'이 요구하는 조건들에 구속된다는 것이다. 이렇게 보면 이러한 사실들의 내용이 가리키는 [인간과 자연의] 첫 번째 관계는 단지 자연에 대한 인간의 종속만을 천명하는 것이다. 하지만 그 두 번째 관계는 이러한 종속을 오로지 지구 전체에 대한 지배력을 증대시켜 온 인간의 역사가 갖는 또 다른 측면으로서 내포하고 있다. 인간을 둘러싼 자연에 대한 인간의 관계를 내포하는 그 첫 번째 관계의 부분에 대해 예컨대 리터(H. Ritter)와 같은 이는 하나의 비교적인 연구 방법을 갖고 해석한다. 재기에 찬 그의 통찰들 가운데 특히 윤곽선을 분절적으로 구조화함으로써 대륙들을 비교 · 평가하는 설명의 통찰은 '지구 전체로서의 세계'의 공간적 연관 관계들 속에 확고하게 함축된 세계사의 숙명을 예감케 해준다. 그러나 리터가 세계사의 목적론으로 생각했고 또한 버클이 자신의 한 책에서 자연주의에 복무시켰던 이러한 [세계사적] 견해를 실체화한 후속의 연구는 없었다. 자연적 조건들에 대한 인간의 균일한 종속성을 표상하는 자리에는 그 대신에 보다 더 신중한 표상이 들어섰다. 요컨대, 비역사적인 민족의 경우에서와는 대조적으로 죽은 공간성에 맞서 싸워온 역사적인 민족들의 정신적 · 도덕적 힘들이 [자연에 대한 인간의] 종속성을 꾸준히 감소시켜 왔다는 내용이 그 자리를 채웠다. 그리고 바로 이 자리에서 하나의 과학, 즉 자연의 조건들을 자신의 설명들을 위해 사용하는 '자립적인 학문'을 표방하며 역사적 · 사회적인 현실성을 다루는 과학이 자신의 권리를 주장하고 나섰다. 그러나 자연에 대한 또 다른 관계가 다음의 사실을 가리킨다. 즉 '자연의 조건들에 대한 우리의 순응이 함축하는 종속성'과 '공간성을 압도하는 우리의 지배력'이, 과학적인 사유와 기술(技術)을 통해 인간 일반이 자신의 역사 속에서, 정확히 말하자면 복종의 수단으로써 주권을 쟁취할 정도로 그렇게 나란히 묶여 있다는 사실을 말이다. "아무래도 자연에 복종하는 길을 경유하지 않고서는 자연을 극복할 수가 없다."[17]

---

17) "natura enim non nisi parendo vincitur." F. Bacon, 《자연에 대한 해석과 인간의 지배에 관한 아포리즘(Baconis Aphorism de Interpretatione Naturae et Regno Hominis, aphorism)》 Aph. 3.
(옮긴이 주) 딜타이는 베이컨의 이 말을 현대의 체험적 혹은 해석학적 철학자들(현상학적 해석학자들 혹은 실존현상학자들)처럼 과학기술에 대한 비판적 관점에서 읽지 않는다. 그는 아직 근대의 낙관적 이념이 성성한 시대를 살았으며 그의 철학은 마치 자신이 주장한 인식의 역사적 · 사회적 현실성을 그대로 반영하듯, 그러한 자신의 시대를 벗어나지 않았다. 그에게 문제가 되는 것은 정신과학의 영역을 침범하는 자연과학적 인식이었다. 실제로 그는 헤겔 류(類)의 인식론적 태도를 견지한 채 헤겔의 형이상학을 극복하며 정신과학에게 자연과학의 토대

그럼에도 불구하고 자연인식에 대한 정신과학의 관계는, 우리가 논의의 출발점으로 삼았던 바의 모순, 즉 '초월론적 관점'과 '객관적인 경험적 관점'—전자는 자연을 의식의 조건들 밑으로 종속시키며, 후자는 정신적인 것의 발전을 자연 전체의 조건들 아래로 예속시킨다—사이의 모순이 해소되기 전에는 해결된 것으로 간주할 수 없다. 이러한 과제는 인식 문제의 한 측면을 형성한다. 만일 누군가가 이 문제를 정신과학에 대한 것으로 제한하여 생각한다면, 모든 사람이 납득할 만한 하나의 해답을 제시하는 일은 분명 가능할 것이다. 하지만 이러한 해결책은 다음의 조건들이 충족되어야만 정당할 것이다. 내적 경험의 객관적 실재성을 입증하는 일, 그리고 외적 세계의 실존성을 확증하는 일이 바로 그것이다. 그런 연후라면 이제, 외적 세계로 이행해 들어가는 우리의 내적 경험의 '과정'에

에 버금가는 체험적 혹은 해석학적 철학(즉 정신과학의 토대가 될 하나의 과학)을 제공하려 했다. 이러한 그의 철학은 형이상학의 학설들과 자연과학의 객관성이 처한 한계들 모두를 비판하며 정신과학과 자연과학을 아우르는 진리 인식의 토대를 마련하려 했던 현대의 체험적 혹은 해석학적 철학(현상학적 해석학 혹은 실존현상학)의 입장에서 볼 때 분명 한계를 갖는 것이었다. 그러나 그를 거쳐 간 현대의 철학도 그의 한계가 있고서야 가능했다는 점에서 그의 철학이 드러낸 한계는 현대 철학의 입구라 할 수 있다.

힘입어, 외적 세계 속에 실존하는 정신적인 사실들과 정신적인 본질이 존재하게 될 것이다. 마치 태양을 황홀히 응시해서 멀어버린 눈이 그것의 상(像)을 가장 다채로운 빛의 색깔과 가장 다양한 공간의 자리들 위에서 반복하는 것처럼, 그렇게 우리의 파악은 우리의 내적 삶의 상들을 증식하며, 또한 우리에게 환경으로서 주어진 자연 전체의 다양한 장소에서 그것들을 여러 가지 변양체로 바꿔놓는다. 이러한 [내적 경험의] 과정은 그러나 '유추적인 추론'의 형태 —이 추론은 근원적으로 우리에게 매개 없이 단독으로 주어진 내적인 삶으로부터 출발한다. 그리하여 이 내적인 삶과 연결된 표현들에 맞갖은 표상들을 거친 뒤에, 외적 세계와 혈연관계에 놓인 현상들에 상응할 친족적인 어떤 것의 존재와 토대 위에서 마무리된다— 속에서 논리적으로 기술(記述)되고 정당화된다. 자연 그 자체가 무엇이든 간에 정신적인 것의 원인들에 대한 연구는 이 원인들의 현상들이 어떤 경우든 현실성의 표식들로서 파악되고 또 사용될 수 있는 것인 한, 그리고 이 원인들의 현상들이 갖는 '연관구조 및 연속성'에 내재한 동일형태성들이 실제적인 것들 속에서 그러한 동일형태성들의 어떤 표식으로서 파악되고 사용될 수 있는 것인 한, 만족스럽게 수행될 수 있다. 물론 누군가가 정신의 세계 속으로 진입하여 자연을 탐구하는 것은 자연이 정신의 내용인 한에서 또는 자연이 목적이나 수단으로서 의지와 뒤섞이게 되는 한에서일 것이다. 그러니까 정신에 대해서 자연은 단지 정신 속에 존재하는 것일 뿐이겠지만, 그 자체에 있어 자연이 무엇일 수 있는지는 여기에서 전혀 중요한 문제가 아니다. 자연이 정신에게 주어져 있는 것처럼 그렇게 정신이 자연을 접하는 자신의 행동들 속에서 자연의 합법칙성에 의존하는 것, 그리고 자연의 현존이 두른 아름다운 외양을 향유하는 것, 이 두 가지 사실만으로도 충분하다.

5. 정신과학의 분절 구조화를 위한 개관

정신과학에 대한 당면 과제 속으로 발을 들여놓은 사람을 위하여, 우리는 그에게 지성적인 세계의 또 다른 절반의 범위에 대한 예비적인 개요를 제공하는 한편, 이러한 일에 의거해 그가 수행할 과제를 규정해야 한다. 문제는 정신을 다루는 과학들이 아직 하나의 전체로서 구성되지 않고 있다는 사실이다. 그러니까 그 과학들은 아직까지 유기적인 하나의 체계를, 달리 말하자면 자신들의 개별적인 진리들을 '다른 진리들' 및 '경험'과의 의존관계에 따라 체계적으로 정돈하는 하나의 연관구조를 건립할 능력이 없다.

정신을 다루는 과학들은 삶 자체의 실천들 속에서 생겨나며, 직업교육의 요청을 통하여 발전한다. 그리고 이러한 직업교육의 체계에 기여하는 교육기관(특히, 대학)은 정신을 다루는 과학들과 동일한 연관구조의 자연 발생적인 형태가 된다. 실제로 그러한 과학들의 최초 개념과 법칙들은 대부분 사회적 기능들 자체의 실행 속에서 발견된다. 예링(R. Jhering)은 어떻게 법률학적인 반성이 로마법의 기본 개념들을 법을 실천하는 '삶 그 자체 속에서' 의식된 정신적 노동을 통해 창설했는지를 입증한 바 있다. 이와 흡사하게 고대 그리스인의 헌법에 대한 분석 또한 분명한 개념과 명제들 위에 성립된 의식적인 정치사상들이 가졌던 놀라운 힘의 침전물을 '그 헌법 속에서' 보여준다. 이 정치사상의 근본적인 이념-이 이념에 따르면 개체로서의 개인의 자유는 정치적인 권력에 관여하는 개인의 참여에 함축되어 있지만, 그러나 이때의 참여는 전체의 공동이익에 대한 개인의 기여에 적합한 정도가 되게끔 국가적 질서를 통해 조정된다-은 우선 무엇보다도 정치적인 기술(技術) 자체를 선도하는 것이었다. 이러한 이념은 이후 소크라테스학파의 위대한 이론가들에 이르러서는 단지 과학적인 연관 속에서만 발전하였다. 하지만 [이러한 발전과는 별도로] 당시에는 포괄적인 과학 이론을 향한 진보가 주로 사회의 지도층에게 직업교육을 제공하는 일의 필요성에 의존하고 있었다. 그 결과 이미 소피스트 시대의 그리스에서 보다 높은 정치적 교육 내용으로부터 수사학과 정치학이 출현했으며, 이후에도 거의 모든 정신과학의 역사는 이러한 경우에서와 동일하게 직업교육 내용에 맞물려 있다는 의미에서의 기본적인 관계의 영향을 현저히 받는 것으로 여겨졌다. 이를테면 공동체에 대한 로마 시민의 문학은 가장 오래된 문학의 분절 구조화를 다음과 같은 판단을 통해 받아들였다. 즉, 문학은 개개의 당국자나 성직자를 위한 교육 속에서 발전했다.[18] 따라서 우리는 이렇게 말할 수 있다. 즉 '사회의 지도적 기관을 위한 직업훈련의 토대를 내포하는 정신과학'의 체계적 항목은 흡사 이 체계적 항목에 대한 백과사전의 서술이 그랬던 것처럼 결과적으로 '그와 같은 직업훈련의 예비교육'에 대한 개관의 필요성으로부터 출현했다. 슐라이어마허가 신학에서의 경우를 통해 노련하게 가리켜 주었듯이, 이러한 백과사전의 가장 자연적인 형태는 아닌 게 아니라 실천적 삶의 연관구조에 상응하는 직업훈련에 바쳐질 예비교육의 목적을 겨냥한 의식을 통해 조직된 그런 것으로서 존재한다. 정신과학에 대한 이와 같은 제한적 정의에 시야를 국한할 경우, 정신과학의 영역에 발을 들여놓은 사람은 각별히 뛰어난 안목으로 그러한 백과사전적인 작업들 중 개별 정신과학들을 분류해 묶어냈던 하나의 개관을 나름대로 발견할 수 있을 것이다.[19]

---

18) 몸젠(T. Mommsen), 《로마의 국가법 I(Römisches Staatsrecht I)》, 3쪽 이하.

19) 정신과학의 개별 영역들에 대한 이와 같은 제한된 개관의 목적을 갖는 것들로서 다음의 백과사전들이 있다. 몰(Mohl), 《국가과학의 백과사전(Enzyklopädie der Staatswissenschaften)》, Tübingen, 1859; 두

종래의 백과사전적 시도들을 넘어서는 한편, 역사적 · 사회적 현실성을 탐구의 대상으로 삼는 과학들의 일반적인 분절 구조화를 규명하려는 시도들은 철학으로부터 유래한다. 그러나 형이상학적인 원리로부터 정신과학의 개별적인 진리를 경험 및 또 다른 진리들과 맺고 있는 의존관계에 따라 체계적으로 정돈하는 하나의 연관구조를 연역해 내려는 생각에 갇혀 있는 한, 그러한 시도들은 모든 형이상학 이론들이 처했던 운명에 굴복하게 된다. 아니, 사실은 지금까지의 사정이 그랬다. 일찍이 베이컨은 더 나은 하나의 방법을 사용한 적이 있었는데, 그 방법을 통해 그는 현실성에 대한 경험적 인식의 문제를 현존하는 개별 정신과학들과 연관하여 고찰했다. 그러고는 그러한 과

번째 개정판, 1872; 새로운 제목으로 출판된 세 번째 개정판, 1881. 그리고 다른 백과사전들에 대해, 그의 《국가과학의 문헌과 역사 I(Geschichte und Literatur der Staatswissenschaften I)》, 111~164쪽에서 수행된 개괄과 평가도 그러한 목적을 잘 나타내고 있다; 이 밖에도, 바른쾨니히(Warnkönig), 《법률 백과사전 또는 법학의 유기적 진술(Juristische Enzyklopädie oder Organische Darstellung der Rechtswissenschaft)》, 1853; 슐라이어마허, 《신학연구에 대한 짧은 진술(Kurze Darstellung des Theologischen Studiums)》의 첫 번째 판, Berlin, 1810; 두 번째 수정판, 1830; 뵈크(A. Böckh), 《백과사전과 문헌학적 과학의 방법론(Enzyklopädie und Methodologie der Philologischen Studiums)》, Bratuschek 발간, 1877.

학들의 성취와 결점들을 수행된 과제에 입각해 측정했다. 코메니우스(J. A. Comenius)는 《모든 지혜들(Pansophia)》에서, 서로를 향해 있는 진리들의 내적인 상호 종속 관계로부터 '진리의 고양을 위해 주어지는 교육'에 수반될 과정들의 단계를 이끌어내려고 시도했다. 그리고 마치 형식적인 교육의 그릇된 개념들과의 대조 속에서 미래의 교육제도(그러나 애석하게도 이 제도는 오늘날에도 여전히 실현되지 않은 미래의 것으로 남아 있다)에 대한 자신의 기본적인 생각을 표명했던 것처럼, 그는 상호 간에 관계하는 진리들이 지닌 의존성의 원리를 통해 과학들에게 적합한 분절 구조화를 분류할 길을 열어주었다. 콩트는 상호 의존하는 진리들 간의 종속성에 함축된 '논리적 관계'와 진리들이 출현하는 연속의 질서에 함축된 '역사적 관계' 사이의 연관성을 자신의 탐구 주제로 삼았던 까닭에, 과학들에 대한 하나의 참된 철학을 구축하기 위한 토대를 창안·주장할 수 있었다. 그는 역사적·사회적 현실성에 대한 하나의 과학을 구성하는 일을 자신의 원대한 작업의 목적으로 여겼다. 그리고 실제로 그의 작업은 이러한 목적의 방향을 좇는 하나의 강력한 사상적 운동, 즉 실증주의의 흐름을 초래했다. 이 흐름 속에서 밀, 리트레(M. Littré), 스펜서(H. Spencer) 등은 역사적·사회적인 과학들의 연관구조에 내재한 문제를 보다 분명히 들어올렸다.[20] 이들의 잇따른 작업은 정신과학 속으로 발을 들여

20) 우리는 정신과학을 방법론적으로 통합해 주는 내적 연관구조에 따르는 정신과학의 문제들에-이러한 문제들은 그러한 내적 연관구조 속에서 정확히 해소될 수가 있다-대한 개괄이 콩트(A. Comte)의《실증철학 강의(Cours de Philosophie Positive)》(1830~1842, 4~7권) 속에 입안되어 있음을 볼 수 있다. 그러나 관점의 변화를 내포하게 된 콩트의 후기 저작들에서는 더 이상 그와 같은 목적이 고수될 수 없었다. 과학들의 체계를 위한 가장 의미 있는 반대 계획은 스펜서의 것이었다.《일련의 첫 소론들(Essays first series)》(1858)에 나타난 스펜서의 콩트에 대한 공격은 뒤이어 출간된《과학의 분류(The Classification of The Sciences)》(1864)에서 더욱 정교하게 표명되었다. 실제로 리트레가《콩트와 실증철학(Auguste Comte et la Philosophie Positive)》(1864)에서 보여준 콩트에 대한 옹호와 비교해 보라. 이후 스펜서의 '종합적인 철학 체계'는 정신과학의 '분절 구조화'에 대해 상세한 설명을 제시하게 되는데, 그 체계의 첫 번째 것인《심리학의 원리들(die Prinzipien der Psychologie)》이 1855년에 나왔고,《사회학의 원리들(die Prinzipien der Soziologie)》이 1876년 이래《기술적인 심리학(Descriptive Sociology)》과의 연관 속에서 출판되고 있다. 그리고 종결 부분을 이루는《윤리학의 원리들(die Prinzipien der Ethik)》(스펜서는 이전의 모든 저작들은 오로지 이 저작을 위한 기초적인 작업으로 취급되어야 할 것으로 생각한다고 천명한다)은 그 첫 번째 권(1879)에서 "윤리학의 사실들"을 집중적으로 다루고 있다. 역사적 · 사회적 현실성에 대한 이론을 구성하려는 이러한 시도들과 나란히 밀(J. Mill)의 그러한 구성의 시도 역시 주목할 만한 가치가 있다. 밀의 그 시도는《논리학(Logik)》의 여섯 번째 권에 들어 있는데, 이 여섯 번째 권은 '정신과학'

놓은 사람에게 직업적인 연구의 분류 체계가 보여준 것과는 전혀 다른 종류의 조망을 제공했다. 그들은 정신과학을 인식의 연관구조 속에 정립했으며, 이 연관구조의 전(全) 범위 안에서 정신과학의 문제를 파악했다. 달리 말해, 그들은 하나의 해결책을 역사적 · 사회적 현실성 전체를 포괄하는 하나의 학문적 구성체 속에서 도모했으며 찾아냈다. 그렇지만, 비록 이 실증주의자들의 고국이자 무대인 프랑스와 영국의 지성계가 대담한 과학의 구조물을 향한 시대적 열정으로 충만해 있었다 하더라도, 그 열정이 역사적인 현실성에 대한 친밀감을 결여한 채 단지 수년간에 걸친 특수한 탐구의 몰입 위에서 형성된 것에 지나지 않았던 까닭에, 영국과 프랑스의 지성계가 속으로 끓였던 그 열망을 실현하려 했던 이 실증주의자들은 개별 과학들을 통합할 자신들의 원리에 상응하는 것으로 간주하고 취했던 작업의 출발점을 처음부터 정확하게 찾아내지 못했다. 이제 말하건대 그들은 무엇보다도 실증적인 정신과학 일반의 거대한 구조물(자세히 말하자면 부가물의 부단한 유입으로 끊임없이 확장하며 그 내부로부터 항상 변화하

혹은 '도덕과학'을 다루고 있다. 그리고 이 시도는 밀 자신이 쓴 《콩트 그리고 실증주의(Auguste Comte and Positivism)》(1865)라는 저작에도 나타난다.

고, 그러면서 천년의 세월 동안 점차적으로 형성될 지식의 체계)을 갖고 연구를 시작했어야만 했다. 또한, 이와 동시에 그들은 그러한 구조물을 건축하기 위한 계획에 보다 깊이 몰두함으로써 자신들의 생각을 타인에게 이해시켰어야만 했다. 그리고 나아가, 정신과학을 '사실적'으로 발전시켜 온 다면성(die Vielseitigkeit)을 역사적 이성의 건강한 조망 위에서 정당하게 다루었어야만 했다. 하지만 그들은 부실한 건축물을, 그러니까 자연에 대한 오켄(L. Oken)과 셸링의 무모하리만큼 대범한 사변들보다 결코 더 견고하지 않은 지식의 체계를, 세웠다. 헤겔과 슐라이어마허, 그리고 후기의 셸링에서부터 하나의 형이상학적 원리 위에서 발전해 온 독일의 정신철학이 실증적인 정신과학의 성과들을 그러한 실증적 철학들의 경우에서보다 오히려 더 깊은 조망을 갖고 활용한 아이러니가 발생한 것도 바로 이런 이유 때문이었다.

정신과학의 영역에 대한 포괄적인 분절 구조화를 모색하는 일련의 또 다른 시도들이 독일에서 출현했다. 그러나 이것들은 국가를 연구하는 과학들의 문제를 천착하는 가운데 나왔다는 태생상의 이유로 아무래도 시각의 일면성을 피할 수 없게 된다.[21] 정신과학은 자연에 대한 인식의 분절 구조화에 비유될 수 있을 어떤 논리적 구성을 모방하여 하나의 전체를 '만들어내지' 않는다. 그것의 연관구조는 오히려 다양한 방식 속에서 스스로 전개되어 왔으며, 따라서 이후부터 정신과학의 이러한 연관구조는 역사적으로 성장 · 발전해 온 것으로서 고려되어야만 할 것이다.

---

21) 사회의 개념과 사회과학의 과제에 대한 논의들이 이러한 시도들의 출발점을 이루고 있다. 이 논의들 속에서는 국가학의 확장 및 보충이 모색되었다. 특히 다음의 저작들이 이러한 시도들에게 자극을 주었다. 슈타인(L. Stein), 《오늘날 프랑스의 공산주의와 사회주의(Der Sozialismus und Kommunismus des heutigen Frankreich)》, 2판 1848; 몰(R. Mohl), 《국가과학을 위한 튀빙겐인의 잡지(Tübinger Zeitschrift für Staatswissenschaften)》(1851). 이 둘 가운데 뒤의 것은 몰의 또 다른 저작인 《국가과학의 문헌과 역사》(I권, 1855, 67쪽 이하)로 이어져 《국가과학과 사회과학(Staatswissenschaften und Gesellschafts-wissenschafen)》이 된다. 정신과학의 분절 구조화를 탐구했던 이러한 시도들 중 각별히 주목할 만한 연구물로는 다음의 두 가지가 있다. 슈타인의 《국가과학의 체계(System der Staatswissenschaft)》(1852)와 셰플레(A. Schäffle)의 《사회체제의 구성과 활동(Bau und Leben des Sozialen Körpers)》(1875).

6. 정신과학의 내용을 구성하는 재료

정신과학의 재료(das Material)는 역사적 · 사회적 현실성으로 구성된다.[22)] 하지만 이 역사적 · 사회적 현실성이 인간 일반의 의식 속에서 역사적인 자료인식으로서 보존되어 있는 한에서, 또한 그러한 역사적 · 사회적 현실성이 현재의 상태를 전면에 걸치고 있는 사회적인 자료인식이 되어 과학으로의 접근이 가능한 것으로서 다루어지는 한에서[23)] 그러하다. 그러한 재료는 분명 헤아릴 수 없이

---

22) (옮긴이 주) 재료로서 빚어지는 것이 내용이라고 한다면, 이는 정신과학의 내용이 역사적 · 사회적 현실성을 형성한다는 의미와 호응하면서 딜타이의 관념론적 경향을 단적으로 보여준다. 그러나 그의 관념론은 칸트적인 의미에서의 비판적인 인식에 짝한다는 점에서 전통의 사변적 혹은 무비판적 인식에 짝하는 관념론과는 다르다. 실제로 객관성은 우리 주관성의 요소들과 일치하며 인식과 경험은 의식의 내용들에 제한받는다고 생각한다는 점에서, 그리고 우리 인간은 존재론적 인식을 가질 수 없다고 생각한다는 점에서 딜타이는 칸트만큼 비판적이다. 하지만 그는 초월론적 인식 비판의 유산을 자연과학의 자리가 아닌 정신과학의 자리에서 계승했다는 점에서 또 다른 칸트라 할 수 있을 것이다.

23) (옮긴이 주) 경험은 "우리 자신의 고유한 내적 상태들에 관한 자료인식(die Kunde)만을 우리에게 제공"하는 것처럼 보이지만, 동시에 과

많겠지만, 그럼에도 불구하고 명백한 것은 오히려 그것의 불충분성이다. 과학의 요구들에 어떤 식으로도 상응하지 않는 관심들이, 그리고 과학이 필요로 하는 것들과 전혀 무관하게 존재하는 전승의 조건들이, 우리의 역사적인 자료인식 상태를 규정한다. 친지와 전우들이 저녁 무렵 캠프의 모닥불 가에 모여 그들의 영웅들이 이룬 공적과 그들의 부족이 닿아 있는 신성한 근원에 대해서 이야기했던 때부터, 함께 모여 사는 사람들은 인간의 일상을 관통하는 삶의 어두운 흐름 속에서 숱한 사실들을 끌어올리고 보존하는 일에 지대한 관심을 기울여 왔다. 시간이 흐르면서 그 관심은 역사적인 섭리와 더불어 다음과 같은 사안, 즉 '숱한 사실들 중 어떤 부분이 우리에게 전해져야만 할 것인지'를 결정하는 일에 쏠리게 되었다. 자유로운 표현의 예술로서의 역사서술은 바로 그렇게 무수히 많은 전체로부터 어떤 관점하에서 가치 있는 관심의 한 개별적 부분을 요약하고 있다. 게다가 오늘의 사회는 이른바 과거의 층들과 파편들 위에서 진행된다. 때문에 문화적인 노동의

학적 인식을 통해 "자신의 지평을 확장"한다[XIX쪽(이 책의 1장)]. 이 판단에 비추어 볼 때, 딜타이에게 자료인식은 잠정적 의미에서의 역사적 · 사회적 과학의 인식이라 할 수 있다. 역사적 · 사회적 현실성에 대한 정신과학적 인식은 이 잠정적인 예비 인식으로부터 점차 발전한다.

침전물들은 언어와 미신과 법과 풍습 속에서, 그리고 물질적인 변화들 속에서, 기록의 단순함을 넘어서서 하나의 전통을 내포하게 된다. 이때의 전통은 평가하기 어려운 방식 속에서 기록들을 떠받쳐 준다. 아닌 게 아니라, 심지어는 역사적인 섭리의 손길조차 그 침전물들의 보존을 결정해 왔다. 이러한 사실에 비추어 볼 때, 단지 다음의 두 사항에서만이 과학의 요구에 응답하는 재료들의 상태가 성립할 것이다. 우선 하나는 현대 유럽에서의 정신적인 운동들의 [역사적] 경과다. 이것은 자신의 구성 요소로서 존재하는 문서들 속에서 거의 완전한 상태로 보존되어 있다. 그리고 또 하나는 통계학적 작업이다. 이 작업은 통계학이 적용되는 국가의 협소한 구역 내에서 짧은 시기 동안에 통계학을 통해 포착된 사회의 사실들 속으로 파고드는 수학적 통찰을 허락한다. 통계학적 작업은 사회의 현재 상태에 관한 자료인식에 있어 하나의 정확한 근거를 제공하는 일을 가능하게 해준다.

'무수한 재료들'의 연관구조가 갖는 불투명성은 불완전성으로 이어진다. 실제로 앞의 것[불투명성]은 뒤의 것[불완전성]의 증대에 적지 않게 기여해 왔다. 인간의 정신이 자신의 사유를 통해 현실성을 통제하기 시작할 때, 그것[정신]은 놀라움에 이끌려 무엇보다도 먼저 하늘을 향해 움직인다. 우리 위에 있는 그 둥근 천장, 다시 말해서 지평선의 아치[호(弧)] 위에 놓인 것처럼 보이는 그 원형의 하늘은 우리 정신의 주의력을 집중시킨다. 스스로 연합하는 공간 속에서 인간을 끊임없이 둘러싸고 있는 전체인 자신을 보도록 끌어당긴다. 세계 구조로의 정향이 유럽과 같은 서구 국가에서 과학적 탐구의 출발점이 된 것은 이러한 당김과 끌림 때문이었다. 정신적인 사실들의 우주는 그것의 측정 불가능한 성질 속에서 비가시적인 것이 되며, 단지 탐구하는 자들의 모으는(sammelnd) 정신에게만 가시적인 것이 된다. 이러한 우주는 어떤 독립적인 부분 속에서 자신의 모습을 드러내거나, 혹은 어떤 과학자가 여러 사실들을 묶어내어 조사하는 중에 그 가치를 확립하는 곳에서 자신의 모습을 드러낸다. 정확히 말하자면 바로 그와 같은 드러남의 순간에 그것은 정신의 내적 영역인 정서 속에서 스스로의 존재를 건립한다. 그러므로 전통의 유산을 비판적으로 심의하는 일과 사실들을 모으고 수립하는 일은 정신과학의 가장 포괄적인 노동을 구성하는 요체다. 이 요체에 입각해, 문헌학은 하나의 표준적인 테크닉을 역사의 가장 어렵고 아름다운 재료(즉 전형적인 고대의 유물)를 위해 구축했다. 문헌학의 이러한 작업은 한편으로는 무수한 전문 개별 탐구를 통하여 수행되었으며, 다른 한편으로는 더 광범위하게 이루어질 탐구의 성분이 될 수 있는 어떤 요소들을 만들어냈다. 역사적 · 사회적 현실성에 대한 이러한 순수한 기술(記述)의 연관구조는 자신의 명료성을 오로지 명백한 공간적 척도와 수적 관계들, 그리고 정확한 연대기적 시간 측정 등으로 예컨대 도식적인 표현과 같은 보조 수단의 도움을 받으며 부단히 회귀함으로써 확보할 수 있다. 마치 역사적 · 사회적 현실성에 대한 순수한 기술의 연관구조가 지구물리학의 근거 위에서 지리학에 기댄 채 정신적인 것들의 분포 유형과 차이들을 지구 전체의 시간과 공간 속에서 기술하려는 목적을 갖게 되었을 때처럼 말이다. 가공되지 않은 날것의 재료를 모으고 바라보는 일은 이러한 단계로부터 모음과 바라봄의 정신을 어떤 사상에 맞추어 가공하는 '개념화' 및 '분절 구조화' 쪽으로 점차 이행된다.

7. 정신과학이 사용하는 세 가지 진술 유형

정신과학은 자신의 역사 속에서 작동하는 사실적인 이성(die Vernunft der Sache)에 힘입어 존재하고 기능한다는 사실에 맞게(그러나 정신과학을 새롭게 재건하고 싶어 하는 대담한 건축가들의 열망과는 맞지 않게), 서로 다른 세 종류의 진술을 결합한다. 그 진술들 가운데 첫 번째 것은 어떤 현실적인 것을 표명하는데, 이 현실적인 것은 지각적 인지 속에 주어진 것이다. 이러한 표명은 인식의 역사적 성분을 포함한다. 두 번째 진술은 우리가 추상을 통해 추출해 낸 현실성의 부분 내용들에 대해 동일한 형태의 태도를 전개한다. 이러한 진술은 인식의 이론적 성분을 이룬다. 또한 마지막 세 번째 부류의 진술은 가치판단을 표출하고 규칙들을 천명함으로써 정신과학 속으로 실천적인 성분들을 끌어들인다. 사실들, 정리들, 그리고 가치판단과 규칙들. 정신과학은 이러한 세 가지 원리를 함축하는 진술들로 이루어진다. 어떤 대상을 파악함에 있어서 이러한 진술들의 역사적 방향, 추상적 · 이론적 방향, 그리고 실천적 방향 사이에 놓인 관계는 어떤 공통의 근본 연관성 같은 것으로서 정신과학을 관통한다. 이 방향들은 스피노자의 원리 "모든 규정은 부정이다(omnis determinatio est negatio)"[24]에 대한 부단한 논박들이기 때문에, 단일한 것 혹은 개체적인 것에 대한 파악은 추상적인 동일형태성의 전개가 그러한 것처럼 하나의 궁극적인 목적을 그 방향들 속에서 형성한다. 의식 속에 있는 최초의 근원으로부터 가장 높은 지점에 이르기까지, 가치판단들과 정언명령들의 연관구조는 그 세 가지 진술 유형 중 처음 두 가지로부터 독립적이다. 사유하는 의식 속에서 세 진술의 세 가지 과업 상호 간의 관계는 무엇보다도 먼저 '인식론적인 분석'의 과정(더 포괄적으로 말하자면, '반성적인 자각'의 과정)을 통해 발전될 수 있다. 하지만 어떤 경우에서든 현실성에 대한 가치판단들과 정언명령들의 진술들 또한 근원적으로 분리되어 있다. 그래서 두 종류의 명제들이 생겨나는데, 그것들은 애초부터 서로 구분된다. 그리고 이러한 사실과 함께 다음과 같은 사실이 승인되어야 한다. 즉

---

24) (옮긴이 주) 이 말은 정의에서 술어의 양이 많아질수록 주어의 외연은 축소된다는 논리학적 정의를 가리킨다. 예컨대 만약 "역사적 방향" 속에서 개체(주어 실체)의 의미를 누적하는 것이 정신과학의 진술 형태라면, 이러한 진술 형태의 명제에서는, 스피노자의 명제에서와는 달리 개체(주어 실체)의 외연은 축소 · 부정되는 것이 아니라 오히려 더욱 확장 · 긍정된다.

정신과학의 내부에 있는 이러한 차이는 정신과학에 있어 이중적인 연관구조의 토대가 된다. 다시 말해, 정신과학은 지금껏 발전해 온 모습을 통해 볼 때 한편으로는 '존재하는 무엇'에 대한 인식을 포함한다. 그리고 다른 한편으로, 그것은 가치판단들과 정언명령들의 연관구조에 대한 의식을 가치들, 이념들, 규칙들 그리고 미래의 형상을 향한 어떤 하나의 방향 지침 등이 서로 교차된 형국으로서 자신 속에 함축하고 있다. 예컨대 하나의 제도를 거부하는 정치적 판단은, 이 판단의 방향과 목적이 평가되어야 하는 한, '참이거나 거짓이거나'가 아니라 '옳거나 그르거나'다. 하지만 이에 반하여 어떤 정치적 판단, 즉 하나의 어떤 제도와 또 하나의 어떤 제도 사이의 관계들을 토로하는 정치적 판단은 참이거나 거짓일 수 있다. 이러한 통찰이 명제와 진술과 판단에 대한 이론을 이끌 때 비로소 하나의 인식론적 토대 놓기가 가능하게 된다. 이 작업은 자연과학의 유비에 따라 개별 정신과학들의 상황을 동일형태성들에 갇힌 인식의 궁지로 압축해 밀어 넣거나, 그렇게 함으로써 그 상황을 기형으로 만들지 않는다. 그것은 개별 정신과학들의 발생과 성장의 과정에 입각해 정신과학을 파악하며 정초한다.

8. 역사적 · 사회적 현실성으로부터 분리되는 개별 정신과학들

정신과학의 목적들, 이를테면 역사적 · 사회적 현실성 내부에 존재하는 개별적인 것 내지 단일한 것을 파악하는 것, 그리고 이와 같은 단일한 것을 모양 짓는 가운데 작동하는 동일형태성을 인식하는 것, 그리고 그 단일한 것의 계속되는 발전적 형성의 목적들과 규칙들을 확립하는 것 등은 오직 '사유의 전략'을 혹은 '분석과 추상'을 통해서 달성될 수 있다. 하지만 추상적인 표현—이 표현에서는 사실들이 처한 상태의 일정한 측면들이 간과된 채 다른 것들이 펼쳐지게 된다—은 정신과학의 배타적인 최후 목적이 아니다. 그것은 이 과학에게 절대적으로 필요한 보조 수단일 뿐이다. 어떤 내용을 추상화하는 인식이 정신과학의 또 다른 목적들이 갖는 자립성을 해소하지 않는 것처럼, 역사적 인식이나 이론적인 인식뿐 아니라 사회를 사실상 이끄는 규칙들 또한 인식의 추상 기능을 요구하지 않을 수 없을 것이다. 역사적인 학파들과 추상적인 학파들 사이에 논쟁이 발생한 까닭은 추상적 학파들이 그 첫 번째 사항 [추상화의 한계성]을 간과한 오류를 저지른 반면 역사적

학파들은 그 두 번째 사항[추상화의 필요성]을 간과한 오류를 범했기 때문이다. 각각의 모든 개별 정신과학들은 역사적 · 사회적 현실성으로부터 어떤 부분 내용을 골라 취하는 책략을 통해서만 성립한다. 심지어 역사 기록조차 사회의 삶과 개별적 인간들의 삶—역사 기록을 통해 어떤 시대 속에서 표현되는 이러한 삶들은 다른 모든 시대의 그것들과 동일한 종류의 것이다—에 내재한 특성들(die Zügen)에 대해서 무심하다. 달리 말하자면 역사 기록의 시선은 구별적인 것과 단일한 것을 향해 있다. 이러한 상황 속에서라면 개별적인 역사서술가는 자기 자신을 기만할 수도 있을 것이다. 왜냐하면 그것들을 바라보는 역사서술가들의 시선 깊은 곳[시선의 원천]에서 이미 선택된 특징들이 어떤 특정한 방식을 거쳐 그 시선의 방향을 타고 흘러나오기 때문이다. 하지만 그렇다고 해도 별 도리는 없다. 자신의 실제적인 성취를 역사적 · 사회적 현실성의 모든 상황과 비교해 본 사람이라면, 그가 누구든 이러한 사실을 인정할 수밖에 없기 때문이다. 이러한 사실로부터 결국 다음과 같은 중요한 명제가 정립된다. 즉 정신을 다루는 개별 과학들 각각은 역사적 · 사회적 현실성을 정신을 다루는 또 다른 개별 과학들과의 연관 속에서 [무의식의 수준에서가 아니라] 의식의 수준을 유지하는 가운데 단지 상대적으로 파악하고 인식한다. 그러므로 개별 정신과학들을 분절 구조화하는 일과 각각 분리된 상태 속에서 개별 정신과학들이 건강하게 성장하도록 하는 일은 개별 정신과학들 각각의 부분적 진리와 이들 부분적 진리를 내어주었던 역사적·사회적 현실성 전체 사이의 관계에 대한 통찰을 필요로 한다. 개별 정신과학들의 진리들을 현존 가능하게 해주는 추상 및 이 과학들 각각이 보여주는 추상의 성격에 따라 개별 정신과학들 각자에게 흘러든 한정된 [그러나 나름의 고유성을 갖는] 인식의 가치에 대한 의식의 부단한 인지 역시 그 일들의 실현을 위해 없어서는 안 될 중요한 사항이다.

이러한 귀결에 따라 이제 정신의 영역을 연구하는 개별 과학들로 하여금 자신들의 거대한 탐구 대상을 다룰 수 있도록 해주었던 방법으로서의 기본적인 분석들이 어떤 것인지를 논할 수 있게 되었다.

9. 역사적 · 사회적 현실성의 요소들인 개별적 인간존재들을 다루는 과학들

어떤 기초적인 분석을 통하여 우리는 삶의 통일체들 속에서, 즉 [심리적인 동시에] 심리적 · 물리적인 개체들 속에서, 사회와 역사를 구성하는 요소들을 발견한다. 그리고 이 요소들을 다루며 이루어질 삶의 통일체들에 대한 연구는 정신과학의 가장 기본적인 집단을 형성한다. 자연과학의 경우에선 다양한 크기의 물질적 존재들—이 물질적 존재들은 공간 속에서 움직이고, 스스로를 뻗쳐 확장하고, 또 수축하고 줄어드는 가운데 성질들의 숱한 변화를 보인다—의 감각적 외양이 탐구의 출발점으로서 주어진다. 그것[자연과학]은 다른 어떤 것이 아니라 단지 물질의 구성에 대한 보다 정당한 견해들로 접근하고자 한다. 이러한 점에서, 지성과 역사적 · 사회적 현실성 사이의 훨씬 더 우호적인 어떤 관계가 성립하는 것은 정신과학에서다. 이 경우의 지성에게는 자신 내부에서 하나의 통일성—이 통일성은 사회의 복잡하게 헝클어진 양상 속에 내재한 요소에 다름 아니다—이 매개 없이 직접적으로 주어진다. 하지만 자연과학의 경우에선, 지성에게 주어질 통일성의 요소는 추론을 통해 간접적으로 찾아야만 할 그런 것이다. 주어들—이것들에게 사유가 자신의 거역할 수 없는 법칙에 따라 술어들을 붙임으로써 모든 인식이 발생한다—은 자연과학 속에서의 요소들이다. 자연과학은 이 요소들을 외적 현실성과 사물들을 잘게 부수거나 분해하는 과정을 통해 단지 가설적으로 획득한다. 그러나 그와 달리 정신과학에서의 요소들은 내적 경험 속에서 사실들로서 주어지는 실재적인(real) 통일체들로서 존재한다. 자연과학은 더 이상 독립적으로 실존할 어떤 능력이 없는, 그리고 단지 분자를 이루는 성분들이 그러하듯 소립자로서만 사유 가능한, 작은 원소 조각들을 가지고 물질을 구성한다. 그것들에 비해 놀라울 정도로 서로 뒤섞여 버린 역사와 사회의 전체 속에서 연속적으로 겹쳐 상호작용하는 그 실재적인 통일체들은 개체들, 즉 [심리적인 동시에] 심리적 · 물리적 전체들에 다름 아닌 것이기 때문에, 그것들 각각은 자신 이외의 다른 모든 것들과 다르다. 그리고 동시에 그것들은 각자가 모두 세계 그 자체로서 존재한다. 그러니까 이 경우에 세계는 다른 어디에 존재하는 것이 아니라 바로 그와 같은 개체들의 표상 속에 있다. [심리적인 동시에] 심리적 · 물리적 전체의 이러한 불가산성—이것 속에는 결과적으로 자연의 불가산성이 그대로 내포되어 있다ㅡ은 표상의 세계에 대한 정신과학적 분석을 통해 명료히 해명될 수 있다. 왜냐하면 이러한 분석 속에선 우선 감각들과 표상들로부터 하나의 개별적 관점이 형성되고, 또 그렇게 형성된 개별적 관점은 그것이 어떤 요소들의 충만함으로 이루어진 것이든 간에 하나의 요소로서 표상들의 의식적인 결합과 분리 속으로 진입할 것이기에 그러하다. 이후 그와 같은 개별적 개체 각각의 유일성ㅡ이때의 개체는 불가산적인 정신적 우주의 어떤 자리에서 작동한다ㅡ은 "개체는 말로 표현될 수 없는 것(indiriduun est ineffabile)"이라는 역사주의적 원리에 따라 자신의 개별적 구성 요소들 속에서 추적될 수 있다. 그리고 이러한 추적을 통해 개별적인 개체들 각각의 유일성이 비로소 전체적인 의미로서 인식된다.

이러한 [심리적인 동시에] 심리적 · 물리적인 삶의 통일체들에 대한 이론이 '심리학을 수반하는 인간학'[25]이다.

---

25) (옮긴이 주) 인간학은 사회과학의 한 분과라기보다는 철학적 의미를 갖는 것으로서, 정신과 연관된 인간의 본성에 대해 연구하는 철학적 과학을 뜻한다. 실제로 딜타이에게서 인간학은 역사서술에서의 정신적 활동들의 유사성에 대한 분류로부터 유래한 것으로서, 이러한 분류의 확장을 통해 인종학과 비교 인간학 그리고 민족학 등으로 외연을 넓힌다. 심리학 역시 개별 사회과학의 수준에서 물리적 행동의 인과성을 기점으로 삼아 고립된 개체의 심리 현상을 다루는 설명적인 분석 심리

삶의 경험과 역사 전체가 이 과학의 재료를 이룬다. 특히 심리적 집단 운동에 대한 심리학적 연구의 결론들은 이 과학에서 중요한 의의를 갖고 있는데, 이러한 의의는 앞으로 더욱 증대할 것이다. 정신과학 일반의 재료를 형성하는 사실들의 엄청난 총량을 가용화하는 문제는 진정한 심리학으로 하여금 그러한 사실들에 대해 곧바로 함께 논의를

학이나 생리학적 심리학 같은 것이 아니다. 이 심리학은 삶의 정서적 사실성을 기점으로 삼아 개체들의 심리 현상을 인식론의 수준에서 다루는, 즉 역사적 · 사회적 현실성의 요소 단위인 인간의 (심리적인 동시에) 심리적 · 물리적인 통일성을 분석하며 역사적 · 사회적 현실성을 인식하는 과정을 연구하는 기술 심리학을 뜻한다. 물론 역사적 · 사회적 개체는 심리적인 동시에 심리적 · 물리적인 존재인 까닭에 후자라 해도 생리학적 측면과 전혀 무관할 수 없을 것이다. 실제로 딜타이의 논의에서도 생리학적 요인을 찾아볼 수 있다. 그러나 이 경우 역시 분석적 혹은 생리학적 심리학과 기술적 심리학 사이에서 나타나는 행동과 심리의 작용 방향성의 차이가 본질적인 변별성으로서 존재한다. 딜타이는 건강한 분석의 대상이 되는 인간은 항상 사회 구성원으로서의 인간이라고 생각했다. 그는 이러한 인간의 심리적 활동을 그 유형과 법칙의 측면에서 다루는 인간학의 철학적 면모를 "심리학을 수반하는 인간학(die Anthropologie und Psychology)"으로 나타낸다. 또 이러한 인간학의 여러 가지의 심층에서 인간의 정신 활동의 일반적 특징을 분석하는 새로운 심리학의 인식론적 면모를 "인간학을 수반하는 심리학(die Psychology und Anthropologie)"으로 나타낸다. 그러나 이 두 표현은 인간학과 심리학의 포괄적 진상들을 가리킬 목적으로 이 장에서 몇 번 사용될 뿐 '인간학'과 '심리학'이라는 말을 대신하지는 않는다.

시작하게 될 이론들과 공동의 관계를 갖게 할 뿐 아니라, 역사 기록과도 그렇게 하도록 만든다. 그러나 이러한 관계에 덧붙여, 다음 사항이 강조되어야 한다. 즉 심리학의 대상을 형성하는 심리적인 통일체와 단절한 외부에서는 결코 어떤 정신적인 사실도 우리의 경험 속에 주어질 수 없다. 그러나 심리학은 절대로 사실들—이것들은 정신과학의 대상들이거나, 혹은 경험이 우리에게 심리적 통일체들 속에서 파악하도록 해주는 어떤 것과 동일한 것이다—모두를 포괄할 수가 없기 때문에, 그러한 사항들 위에서 다음과 같은 상황이 빚어지게 된다. 즉 심리학은 단지 모든 개별적인 개체들 속에서 발생하는 것의 부분 내용만을 자신의 대상으로 취한다. 그러므로 심리학은 역사적 · 사회적 현실성을 통합적으로 다루는 과학으로부터 단지 추상을 통해서만 분리될 수 있을 뿐이며, 그리고 그러한 통합과학에 대해 끊임없이 언급하며 참고하는 가운데 발전될 것이다. [심리적인 동시에] 심리적 · 물리적 통일체는 다음과 같은 사실 때문에 스스로 폐쇄적이 된다는 것은 맞는 말이다. 즉 단지 그 통일체 자신 속에 놓여 있는 것만이 그 통일체를 위한 목적이 될 수 있고, 또 단지 그 통일체 자신의 감정 속에서 만나는 것만이 귀중한 가치일 수 있으며, 단지 그 통일체의 의식 속에서 확실하고 분명한 것으로서 입증된 것만이 실제적이고 참된 것일 수 있다. 그러나 다른 한편으로, 그와 같이 봉인되어 있고 또 그렇게 자신의 통일성의 자의식 속에서 명증한 [심리적인 동시에] 심리적 · 물리적 통일체로서의 전체는 단지 사회적 현실성의 연관구조 속에서만 출현한다. 이러한 전체의 유기성은 그 통일체가 외부의 영향들을 받아들이고 그것에 반응한다는 것을 가리킨다. 때문에 그 통일체의 온전한 내용은 단지 역사와 사회 속에 있는 정신의 포괄적인 내용들 사이에서 일시적으로 나타나는 하나의 개별적인 형태가 된다. 아닌 게 아니라, 그 통일체의 본질 중 최상의 특성은 그 통일체가 자신의 힘에 의거해 '지금의 자신이 아닌 어떤 무엇' 속에서 산다는 것이다. 심리학의 대상은 그러므로 항상 개체일 뿐인데, 이때의 개체는 그러나 역사적 · 사회적 현실성이 갖는 생생한 삶의 연관구조로부터 추출된 것이다. 따라서 심리학이 추구하도록 되어 있는 것은, 추상의 과정을 통해서 심리적인 [동시에 심리적 · 물리적인] 개별 존재들이 그와 같은 연관구조 내부에서 전개하는 일반적인 특징들을 확립하는 일이다. 그러니까 심리학은 인간이 사회와 상호작용하지 않는 것처럼, 그리고 마치 사회 이전에 존재하기라도 하는 것처럼 여기도록 인간을 경험하지 않으며, 또한 그처럼 여겨지는 인간을 추론하지도 않는다. 만일 심리학이 펼치는 추상의 과정이 그런 것이었다면, 정신과학의 구조물은 지금의 것과는 비교할 수 없을 정도로 훨씬 단순하게 형성되었을 것이다. 사실은 그렇지 않았기에 하는 말인데, 심지어 우리가 인간 그 자체의 속성 탓으로 돌리곤 하는 애매하고 모호한 표현들의 아주 좁은 범위조차 서로 심각하게 상호 충돌하는 [정신과학적] 가설들의 조정되지 않은 싸움 아래에 여전히 놓여 있다.

이 논의에서는 그러므로 하나의 절차가, 부연하자면 정신과학의 구조물을 떠받치는 주춧돌 속으로 가설들을 끼워 넣음으로써 정신과학의 구조물을 불안정하게 만드는 하나의 과정이, 곧 제거될 수 있을 것이다. 사회에 대한 개체들의 관계는 두 개의 대립적인 가설들을 통해 구성적으로(konstruktiv) 다루어져 왔다.[26] 소피스트들의 자연법에 국가를 대문자로 쓴 인간으로써 파악하며 맞섰던 플라톤의 해석 이후, 그 가설들은 사회를 구성하는 문제와

26) (옮긴이 주) 구성적 태도에 대한 딜타이의 반대는, 플라톤 이후 헤겔의 사변철학으로 이어진 전통의 형이상학과 콩트의 실증주의 철학이 갖고 있는 인식의 방법들 모두에 대한 거부를 뜻한다. 딜타이의 입장에서 보면, 자연과학의 가설적 토대들과 형이상학적 체계의 선천적 종합은 세계의 사실들을 비판적 이성의 분석과 기술을 통하여 사실들 자체의 실재성에 이르지 않고 구성하는 추상성을 띤다는 점에서 구성주의적이다.

연관하여 마치 원자론적 이론과 역학적 이론이 그러하듯 지금껏 서로 교전하고 있다. 물론 이 둘은 점차 발전해 나가는 과정을 통해 서로 가까워지게 되었지만, 그러나 이러한 대립의 해소는 그 교전을 초래했던 구성적 방법이 포기될 때, 그리고 사회적 현실성을 다루는 개별 과학들이 포괄적이고 분석적인 방법의 부분들로서 여겨질 때, 또한 개별적인 진리들이 사회적 현실성을 띤 내용들의 부분에 대한 표명으로서 이해될 때, 바로 그런 때에야 비로소 가능한 것이 될 수 있다. 탐구의 이러한 분석적인 경과 속에서라면 심리학은, 마치 그러한 가설들 중 '첫 번째 것'을 통하여 생겨난 것이라도 한 듯, 사회의 역사적인 줄기로부터 분리된 개체들의 근원적으로 타고난 재능의 표현 같은 것으로서 전개될 수 없게 된다. 그럼에도 불구하고 예컨대 의지의 근본 관계들은 개체들 속에서 활동 무대를 확보하고 있긴 하지만, 설명의 토대를 갖고 있지는 않다. 이러한 종류의 고립과 이러한 고립에 입각해 사회를 구성하기 위한 하나의 방법으로서 개체들을 기계적으로 결합했던 것은 고대 자연법 학파의 근본적인 오류였다. 그러한 경향의 일면성은 자신에 맞서는 하나의 대립적 일면성에 의해 항상 반복적으로 역습당해 왔다. 이 역습의 견해는 사회를 기계적으로 건립하는 것을 반대하는 가운데, 사회체제의 통일체를 표현하면서 자신에 대립하는 또 다른 절반의 경우에서도 만족스러운 것이 되리라 생각했던 공식들을 고안해 냈다. 그와 같은 공식 중 하나는 국가에 대한 개체들의 관계를 '부분에 앞서는 전체'에 대한 부분의 관계 아래로, 마치 아리스토텔레스(Aristoteles)의 정치학에서처럼 포섭 혹은 종속시키는 것이다. 중세의 공법학자들에 와서 그 공식은 국가에 대한 표상을 잘 질서 지워진 동물적 유기체로서 풀어내는 양상을 띠게 되는데, 중세의 이러한 관점은 현재의 중요한 작가들에 의해 옹호되면서 보다 발전적으로 확장되고 있다. 민족정신 혹은 민족의 영혼 개념으로써 국가를 표상하는 것은 그러한 공식 중 하나다. 하지만 이러한 시도들—즉, 개체들의 통일체를 사회 속에서 하나의 개념에 종속시키려는 기획들—은 단지 역사적인 대립의 배경을 통해서만 일시적인 권리를 갖게 된다. 민족의 정신이라는 말에는 우리가 정신이라는 개념을 낳고 표출하는 행위 및 자기의식의 통일체가 결여되어 있다. 그러한 정신적인 유기체 개념은 주어진 하나의 문제를 다른 문제로 대체하며 실제로, 이미 밀이 지적하고 있는 것처럼, 사회 문제를 동물적인 유기체의 문제로써 해소하는 것보다 더 빨리 그리고 더 흡족하게 해소할 수 있게 해준다. 그러나 바로 지금이라도 그러한 두 유형의 체계들-이것들 속에선, 상호 간에 서로를 조건 짓는 기능들이 공통의 성취를 향해 함께 작용한다-이 보이는 특이한 차이가 제시될 수 있다. 그러므로 사회와 심리적인 [동시에 심리적 · 물리적] 통일체들 간의 관계는 어떤 종류의 구성적인 건축 아래에도 예속되지 말아야 한다. 통일성과 복합성, 그리고 전체와 부분 같은 범주들은 어떤 구성주의적 건축에 사용될 것들이 아니다. 심지어 그것들 없이는 진술하기 곤란한 경우라 하더라도, 다음의 사실이 잊혀서는 안 된다. 즉 부분과 전체 혹은 복합성과 통일성은 개체 스스로의 경험 속에 자신들의 살아 있는 근원을 두고 있으며, 따라서 '개체 스스로가 사회 속에 있음을 가리키는 체험'에 대한 어떤 소급적 적용을 통해서도 경험 스스로가 이야기할 수 있는 것보다 더 잘 설명될 수 없다.

역사와 사회에 '앞서는' 하나의 사실로서의 인간은 발생론적인 설명이 빚어낸 일종의 허구다. 건강한 분석에 입각한 하나의 과학이 연구 대상으로 삼는 인간은 사회의 한 구성 요소로서의 개체다. 이러한 사실을 고려하고 보면, 심리학이 풀어야 할 난제는 사회의 성분을 이루는 인간의 일반적인 특성들에 대해 분석적으로 인식하는 일이 된다.

그렇게 파악할 때, 심리학을 수반하는 인간학은 사회

의 실천적 방향과 진보적 형성의 모든 규칙들에 대한 모든 인식의 토대(die Grundlage)가 되며, 그렇기 때문에 그것은 또한 역사적 삶에 대한 모든 인식의 토대가 된다. 그러니까 이 과학은 단지 자기 자신을 파고드는 어떤 한 인간의 깊은 통찰에 그치는 성질의 것이 아니다. 역사서술가와 이 역사서술가로 하여금 살아 숨 쉬는 삶의 형태들을 불러올 수 있게끔 해줄 원천들 사이에는 늘 인간 본성의 어떤 유형(ein Typus)이 존재한다. 이러한 인간 본성의 유형은 또한 사회의 부단한 발전을 위한 규칙들을 고안하고자 하는 정치사상가와 이 정치사상가의 탐구 대상인 사회의 현실성 사이에서도 결코 그 경우에 못지않은 모습으로 존재한다. 과학은 바로 이와 같은 인간 본성의 주관적인(subjektiv) 유형에게 정당성과 생산성을 제공하길 바랄 뿐이다. 그것은 또한 일반적인 원리 명제들—이 명제들의 주어는 개체의 통일체이며, 술어는 개체의 통일체에 관한 모든 언명들로서 이를 통해 사회와 역사에 대한 이해가 풍요로워질 수 있다—의 발전을 모색한다. 이러한 바람과 모색은 말하자면 '인간학을 수반하는 심리학'의 과제일 것이지만, 이때의 과제는 범위가 확장된 어떤 하나의 과학을 은밀히 제시하고 있다. 이 확장된 과학은 이를테면 인간의 정신적인 삶 속에 들어 있는 유형적인 차이들을 정신적인 삶의 동일형태성에 대한 지금까지의 탐구를 넘어선 곳에서 인식하는 것이어야 한다. 또한 그러한 과학은 예술가의 상상력과 행동하는 인간의 타고난 기질을 분석하고 묘사해 내는 한편, 무엇보다도 인간 정신의 과정에 든 실재성[리얼리티]과 내용에 대한 기술을 통해 인간의 정신적 삶의 형태들에 대한 연구를 완성시켜야만 한다. 확장된 과학에 걸려 있는 이 파생적 과제들이 해소됨으로써 하나의 틈새가 매워질 것인데, 이 틈새는 종래의 역사적 · 사회적 현실성의 체계 속에 나타나는 '일면'의 심리학과 '또 다른 일면'의 과학들-미학, 윤리학, 정치적 체제에 대한 과학들, 그리고 역사과학-사이에 존재한다. 지금에 이르기까지 이러한 틈새의 자리는 단지 삶의 경험에 대한 모호한 일반화들, 시인들의 창조물들, 인간의 성격들과 운명들에 대한 세인의 표현들, 그리고 역사서술가들이 자신들의 이야기 속으로 엮어 넣었던 그 규정되지 않은 일반적 진리들, 바로 이러한 것들이 점령해 왔을 뿐이다.

심리학은 그와 같은 확장적인, 아니, 토대 구축적인 어떤 하나의 과학이 갖는 과제들을 해소할 수 있다. 그렇지만 여기에는 조건이 있다. 따라서 다시 말하자면, 심리학이 사실들을 갖고서 사실들과 동일형태성을 확인하는 기술적인(deskriptiv) 과학의 한계들 내에서만, 그리고 심리학이 인간의 정신적인 삶의 전체 연관구조를 확실한 가정들을 통하여 연역 가능한 것으로서 만들길 원하는 설명적인(erklärend) 심리학의 오류에 저항하며 이러한 심리학의 형태와 깔끔하게 분리되는 한에서만, 심리학은 그 과제들을 완수할 수 있다. 결국 이러한 분리의 과정을 겪고 나서야 비로소 심리학의 올바른 전개를 위한 정확하고 편견 없는 확정적 자료를 획득할 수 있게 될 것인데, 이렇게 얻어질 자료는 기존의 심리학적 가설들에 대한 하나의 검증을 허용할 것이다. 그러나 다른 어떤 것보다도 의미 있는 것은 그러한 귀결에 따라 정신에 대한 개별 과학들이 마침내 그 자체로서 견고한 하나의 토대를 획득할 수 있게 된다는 사실이다. 이러한 사실은, 심리학의 더할 나위 없어 보이는 훌륭한 이론들조차 여전히 가설들 위에 다시 가설들을 쌓아 올리고 있는 오늘날의 상황에 비추어 볼 때 매우 큰 중요성을 갖는다.

이제 우리는 여기에서 요약적으로 하나의 귀결을 끌어낼 수 있다. 즉, 역사적 · 사회적 현실성에 대한 분석을 통해 획득될 수 있을 가장 단일한 소견은 심리학 속에 놓여 있으며, 따라서 심리학은 인간의 정신을 다루는 개별 과학들 중에서 가장 우선적이고 가장 기초적인 것이 된다. 그리고 이러한 사실에 상응하여 그와 같은 심리학의 진리들은 정신과학의 '더 나은 구조'를 위한 토대를 형성한다. 그러나 심리학적 진리들은 그 역사적 · 사회적 현실성으로부터 발췌된 부분적 내용만을 내포하고 있으므로, 이 경우 심리학적 진리들은 역사적 · 사회적 현실성과의 어떤 관계를 전제할 수밖에 없다. 따라서 하나의 인식론적 토대 구축을 통해서만이 심리학적 과학에 대해 인간의 정신을 다루는 또 다른 과학들 및 역사적 · 사회적 현실성 자체—앞서 말했듯이 따지고 보면 이 현실성의 부분 내용들이 정신과학이다—가 갖는 관계가 밝혀질 수 있게 된다. 그러나 이 경우 심리학 자체에서는 정신과학의 연관구조 내부에 놓인 자신[심리학]의 위치로부터 하나의 준칙이 생겨나는데, 그것은 다음과 같다. 즉, 심리학은 '기술(記述)적인 과학'(이 용어는 그 토대 구축의 과정 속에서 보다 상세하게 전개될 하나의 개념이다)으로서, 자신이 따르기도 하는 설명적인 과학, 이를테면 그 자체가 가설적인 성질을 갖고 있기 때문에 정신적인 삶의 사실들을 단순한 가정들에 종속시키려 기획하는 과학과 구별되어야 한다.[27]

27) (옮긴이 주) 설명적인 과학을 부정하는 말이다. 그러나 그렇다 해도, 딜타이가 설명 자체를 부정하는 것은 당연히 아니다. 해석학적 이해와 해석학적 설명이라는 것도 있기 때문이다. 그에게 문제가 된 것은 "경험적인 이해"와 단절된, 그로 인해 정신적인 삶의 사실들을 단순한

전기(die Biographie)의 예로써 말해보자. [심리적인 동시에] 심리적 · 물리적인 개별적 삶의 통일체에 대한 표현이 '전기'다. 인간의 기억은 흥미롭고 보존할 만한 가치가 있는 개별 실존들을 숱하게 발견해 왔다. 칼라일은 언젠가 역사에 대해 이렇게 말했다. "현명한 기억과 현명한 망각, 그 안에 모든 것들이 놓여 있다."[28] 어떤 관점을 유도하고 자신을 향한 다른 개체의 사랑을 끌어당기는 힘의 작용으로 인해, 인간 현존재의 단일성 혹은 유일성은 누군가를 어떤 다른 객체나 어떤 다른 총체보다도 더욱 강렬하게 매료시킨다. 일반적인 역사과학의 내부에서 전기가 차지하는 위치는 역사적 · 사회적 현실성을 탐구하는 이론적 과학들의 내부에서 인간학이 차지하는 위치와 상응한다. 그러므로 인간학의 진보와 인간학의 토대적인 위상에 대한 인식의 증대는 다음과 같은 통찰을 야기할 것이다. 즉 개체적인 현존재의 현실성 전체를 파악하는 일, 그리고 개체적인 현존재의 성질을 개체적인 현존재의 역사적 환

가정에 종속시킴으로써 역사적 · 사회적 세계를 자연과학적 방법을 통해 파악하는 인식 방법으로서의 설명이었다.

28) (옮긴이 주) "Weises Erinnern und weises Vergessen, darin lieget alles." 딜타이는 칼라일의 이 말에 인용 부호를 붙여 놓았지만 그 출처는 밝히지 않았다.

경 속에서 서술하는 일은 역사서술의 정점으로서, 보다 광범위하게 수집된 자료들을 통해 형성된 모든 역사적 진술이 떠맡은 깊이와 전적으로 동일한 가치를 갖는다. 삶과 운명의 과정 한가운데에서 작용하는 인간의 의지가 여기에서는 인간의 존엄성에 걸려 있는 자기목적으로서 파악된다. 그리고 이 경우에서라면, 전기를 쓰는 작가는 이제 인간을 "영원의 아류(sub specie aeterni)"로서 보아야만 한다. 때문에 그는 인간이란 인간 자신과 신성(神性) 사이에서 다른 모든 것들이 인간 자신의 덮개와 피복과 수단이 되는 순간들 속에서 스스로를 감지하는 존재라는 사실을, 그리고 인간이란 그 자신이 지구의 어느 부분과도 가까이 있는 것과 마찬가지로 별들이 총총한 하늘과도 그렇게 가까이 있다고 느끼는 존재라는 사실을 결코 잊어선 안 된다. 전기는 그럴 때 비로소 기초적인 역사적 사실들을 이 사실들의 현실성 속에서 순수하고 온전하게 서술할 수 있다. 삶의 통일체들 혹은 개체들로부터 역사를 구축하는 역사가, 유형과 재현의 개념을 통해 사회적 계급들과 사회적 결합체들 일반 및 역사적 시대 등을 이것들에 보다 가까이 다가선 곳에서 파악하려 시도하는 역사가, 그리고 세대들이라는 개념을 통해 삶의 이력들을 상호 연관 짓는 역사가, 오직 이러한 역사가만이 옛 문서들로부터 추측된 죽은 추상들과 대립하는 자리에서 역사적 전체의 현실성을 파악하게 될 것이다.

부언 1)[29] 더욱 발전된 하나의 참다운 심리학, 즉 실재심리학(die Realpsychologie)을 발전시키는 데 있어서 전기가 이처럼 중요한 인간학적 수단이 된다면, 이는 다른 한편으로 그와 같은 전기가 실재심리학의 최근 상태 속에서 자신의 토대를 확보한다는 것을 뜻한다. 그렇기에 우리는 하나의 삶의 통일체 및 이 통일체의 발전과 운명을 생생하고 이해 가능한 것으로 만드는 문제에 심리학을 수반하는 인간학이라는 과학을 적용하는 것으로써 전기 작가의 진정한 방법을 나타낼 수 있다.

부언 2) 인격적인 생활 태도를 위한 규칙들은 언제나 문학의 더 나은 부문을 형성해 왔으며, 모든 문학에 나타나는 가장 아름답고 심원한 일부 문장들은 그러한 규칙들과 연관된 주제에 봉헌되어 있다. 하지만 그것들 역시 과

---

29) (옮긴이 주) 원전에서 이하의 세 문단은 다른 문단과 달리 앞뒤로 한 행씩 간격을 두고 배치되어 구분되어 있다. 하지만 그 내용은 앞의 논의에 대한 보충적인 의미들을 함축하고 있기에, 옮긴이는 부언이라는 말과 함께 차례대로 번호를 붙여 표기했음을 밝힌다.

학적 성질들에 접해야만 한다면, 과학화의 노력을 필요로 할 것이다. 이 노력은 하나의 소급적 회귀와 다르지 않다. 다시 말해 그 노력은 '삶의 통일체의 역사적 · 사회적 현실성에 대한 우리의 인식'과 '우리의 의지와 감정이 삶 속에서 조우할 가치들의 상호 관계에 대한 우리 자신의 의식' 사이의 연관구조에 대한 반성적인 자각 속으로 되돌아가는 일과 같은 것이다.

부언 3) 자연과학과 심리학을 구분 짓는 경계에서 탐구의 한 영역이 스스로 모습을 드러냈다. 이 영역은 자신을 처음으로 정련했던 천부적인 세공인에 의해 심리물리학(die Psychophysik)으로서 표시되었으며, 이후 몇몇 뛰어난 과학자들의 공동 연구를 거친 뒤 초안의 수준으로 거칠게나마 생리학적 심리학(die physiologische Psychologie)의 모습을 갖추게 되었다. 이러한 과학은 그 논의를 일종의 결과론적 태도, 즉 육체와 영혼에 대한 형이상학적인 논쟁을 고려하지 않고, 그보다는 차라리 이러한 영혼과 육체의 두 현상 영역들 사이에 존재하는 사실적인 관계들을 가능한 한 정밀하게 확립하길 원하는 입장에서부터 출발한다. 예컨대 페히너(G. Fechner)는 표상 가능한 극단의 상상을 통해 추상화된, 그러나 수학적인 의미가 부여된, 중립적인 기능의 개념을 이러한 과학의 토대로서 구축했다. 또한 역시 그의 논리를 통해 '대립적인 두 방향들 속에서 묘사될 수 있는 것'으로서 존재하는 정신과 육체 간의 종속성들을 확립하는 일이 이러한 과학의 목표로서 단단히 고정되었다. 이런 까닭에, 이 과학[생리학적 심리학]에서 탐구의 초점을 이루고 있는 것은 자극과 감각의 느낌 사이에서 작용하는 기능관계(das Funktionsverhältnis)가 된다. 그러나 가령 이 과학이 생리학과 심리학 사이에 있는 간격을 완전히 메우려 한다면, 그리고 '육체적인 삶'과 정신적인 삶 사이의 모든 접촉점을 망라하려 들거나, 또는 생리학과 심리학 사이에서 이 둘을 가능한 한 완전하게 효과적으로 묶어내길 갈구한다면, 이 과학은 모든 역사적 · 사회적 현실성에 적용될 인과적 연관구조의 일괄적인 표상 속으로 그러한 관련성을 편입시키지 않을 수 없도록 스스로에게 강요하고 있는 자신의 모습을 발견할 것이다. 실제로 생리학적인 사실들과 변화들에 일방적으로 따라붙는 심리적인 사실들과 변화들의 편벽된 종속 형태는 그와 같은 생리학적 심리학의 중요한 연구 주제를 형성한다. 사실 이러한 사정으로 인해, 생리학적 심리학은 자신의 육체적인 하부 토대에 예속되는 정신적인 삶의 종속성을 펼쳐 보이는 동시에, 이와 같은 형국의 종속성을 논증 가능한 것으로 만들어주는 범위의 한계들을 아울러 탐구한다. 그런 연후에 이 생리학적 심리학은 그러한 종속성에 수반하는 역현상들, 즉 정신적인 변화들로부터 육체적인 변화들로 이행하는 반작용들을 표현함으로써 정신적인 삶을 추적한다. 지각 및 느낌의 심리적 과정과 감각기관들의 생리학적 실행 사이에 현존하는 관계들로부터 한편으로는 '표상들의 연합'과 '나타남 및 사라짐' 사이에 존재하는 관계들에 이르기까지, 그리고 또 다른 한편으로는 뇌의 기능들과 뇌의 구조 사이에 현존하는 관계들에 이르기까지, 그리하여 결국은 반사 메커니즘과 운동신경 시스템 사이에 존재할 관계들은 물론이고 이 관계들에 상응하는 소리의 분절 및 발화와 규칙화된 움직임 사이에 현존할 관계들에 이르기까지 그렇게 정신적인 삶을 뒤쫓아 규명한다.

10. 역사적 · 사회적 현실성의 연관구조를 향한 인식의 태도

역사적 · 사회적 현실성 전체를 대상으로 삼는 분석은 [심리적인 동시에] 심리적 · 물리적인 개별적 통일체에 대한 분석과는 구분된다. 프랑스인과 영국인[특히 콩트와 스펜서 그리고 밀 같은 실증주의자들 혹은 실증적 경험주의자들]은 역사적 · 사회적 현실성 전체에 대한 이론으로서 전개된 일반적인 과학, 즉 통합과학(die Gesamtwissenschaft)의 개념을 고안했다. 그리고 그렇게 고안된 과학에게 그들은 "사회학"이라는 이름을 갖다 붙였다. 아닌 게 아니라, 사회의 발전에 대한 인식은 사회의 현재 상태에 대한 인식으로부터 결코 분리될 수 없다. 정말이지 따지고 보면 이 두 부류의 사실은 하나의 연관구조를 형성한다. 무엇보다도 사회가 지금 처한 현재의 상황은 다른 것이 아니라 바로 이전의 현재 상황이 증여한 시간의 결과물이라는 점에서 그러하다. 이러한 현재 상황은 하나의 귀결인 동시에 장차 도래할 현재 상황의 조건이 된다. 여기 이 순간에서 확인된 현재의 상태는 다음의 순간에서는 이미 역사의 한 부분이 된다. 그러므로 사회의 한 상태를 어떤 주어진 시점에서 묘사하는 횡단면도들 모두는 누군가가 그 시점의 상공으로 날아오르자마자 곧바로 이미 하나의 역사적인 상황으로서 고찰된다. 그리고 이런 까닭에 사회의 개념은 스스로 발전하는 전체를 가리키는 것으로서 사용할 수 있게 되는 것이다.[30)]

이러한 '사회'—즉 개체 모두에게 하나의 고찰 대상으로서 마주 다가오는 역사적 · 사회적 현실성 전체—는 우리들 자신의 유기체 전체보다도, 아니 뇌와 같은 이 유기체의 가장 비밀스러운 부분보다도, 더욱 수수께끼 같은 복합체로서 존재한다. 사회를 구성하는 각각의 단일한 개체들이 삶의 무대에 등장하고, 또 그 무대에서 퇴장하는 숱한 반복의 시간 동안, 발생한 사건의 흐름은 끊임없이 앞을 향해 사회 속에서 흘러간다. 그렇게 흘러가는 사회 속에서 개체는, 다른 모든 요소들과 상호작용하는 하나의 요소로서의 자신을 발견한다. 하지만 이러한 개체는 자신이

30) 그러니까 콩트나 스펜서와 같은 이들이 파악하는 사회학 혹은 사회과학의 개념은, 독일의 국가법학자들이 생각하는 사회학 개념이나 사회과학 개념과는 전적으로 달라야만 한다. 독일의 국가법학자들은 주어진 어떤 시간 속에서 사회를 국가로부터 분리하는데, 이는 그들의 생각이 연관구조적인 삶의 외적인 유기체를 국가의 전제와 토대를 구성하는 것으로서 간주해야만 할 필요성을 취하는 자리에서 비롯되는 것이기 때문이다.

속한 그와 같은 사회를, 즉 개체 자신이 그 속에 던져져 태어난 곳으로서의 전체를, 만들어 세울 수가 없다. 개체는 자신을 둘러싼 법칙들－이 법칙들의 한계 내에서 개체들은 서로 영향을 주고받는다－중 단지 약간의 것만을 알고 있으며, 그나마 분명히 알고 있는 것도 아니다. 개체가 내적 지각에 의거해 자기 자신 속에서 그 경로 모두를 나중에 충분히 의식할 수 있는 것으로서의 '과정들'이 이러한 전체를 개체의 외부에 구축해 온 것은 사실이다. 하지만 그렇게 구축된 사회의 구조물에 대한 우리의 인식이 결코 극복될 수 없을 것 같아 보이는 어려움들로 인해 자주 혼란에 빠져버릴 정도로, 그것[과정]들의 복잡성은 거대하고, 그것[과정]들을 출현시키는 자연의 조건들은 그렇게 다양하며, 나아가 그것[과정]들을 측정하고 조사하는 방법조차 협소하게 제한되어 있다. 그러나 이러한 상황으로부터 사회에 대한 우리의 관계와 자연에 대한 우리의 관계 사이에 놓여 있던 하나의 차이가 마치 난국의 출구처럼 솟구친다. 이를테면 이러한 솟구침은 우선 다음의 사실로서 펼쳐진다. 즉 사회의 사태들은 내적인 이해를 통해 우리에게 주어지는데, 다행히 우리는 그것들을 우리 속에서, 보다 자세히 말하자면 우리 자신의 고유한 상황들에 대한 지각 위에서, 어떤 확실한 지점까지는 모사 혹은 재생할 수가 있다. 예컨대, 우리는 실제로 사랑과 증오, 격렬한 기쁨, 수많은 감정들의 충만한 유희 등을 통해 직관적으로 역사적 세계의 표상을 따라 좇으며 사회의 사태를 간파한다. 하지만 사회의 사태들과는 달리, 자연은 우리에 대해 흡사 벙어리처럼 침묵한다. 단지 우리의 상상력만이 우리의 삶과 내면성이 빚은 희미한 진실의 빛을 자연 위로 방출하고 있을 뿐이다. 왜냐하면 우리가 자연과 함께 상호작용하는 물질적인 신체 성분들의 체계라는 측면에 국한될 경우, 그러한 상호작용의 놀이에는 어떠한 내적인 알아차림(das Gewahrwerden)도 수반되지 않을 것이 때문이다.[31] 그리고 바로 이러한 이유 때문에 자연 또한 우리에

---

31) (옮긴이 주) "물체적인 성분들의 체계"가 육체 혹은 신체와 다르지 않다는 점을 고려한다면, 이 진술은 이 말들과 연관된 이후의 진술들과 함께 딜타이 철학의 정신주의적 경향을 단적으로 표상한 것이다. 그리고 그의 철학은 일찍이 인간의 심리적 · 물리적 통일성에 주목했음에도 불구하고, 현상학 이후 인간의 몸과 마음의 이중성에 초점을 맞춘 현대 철학의 논리와 현격한 차이를 보인다. 결국 딜타이에게 중요했던 것은 "인지하게 됨" 혹은 "알아차림"이 외적 물질의 영역과 구분되는 내적 정신의 영역에서 이루어진다는 사실이었다. 딜타이에게 자연이 보여주는 생명력은 인간의 상상력에서 흘러든 은유일 뿐이다. 이러한 사실로 인해 딜타이는, 비록 그의 (심리적인 동시에) "심리적 · 물리적 통일체"가 데카르트적인 기계론적 결합을 넘어섰다 하더라도, 그리고 역사적 · 사회적 세계를 "주관적 정신의 구성체가 아니라 총체적 삶의

대해 '숭고한 정적'의 표정을 연출할 수가 있다. 인간의 인지와 상상력을 능가하는 자연의 그러한 표정은, 사회를 통해 펼쳐질 수밖에 없는 내적인 삶의 가변적 활동을 자연의 성분들 속에서 지각하거나 또는 표상하도록 우리가 강요당하는 바로 그때라야만 비로소 사라지게 될 것이다. 우리에게 자연은 이국의 땅이다. 우리에게 있어 자연은 결국 외적인 것일 뿐, 결코 내적인 어떤 존재가 아니기에 그러하다. 사실은 사회가 우리의 세계다. 우리는 사회 속에 있는 상호작용의 놀이를 인간의 존재 전체에 걸려 있는 모든 힘을 통해 함께 체험한다. 이러한 사실은 사회의 체계를 확립하는 사건을 결정짓는 상황들과 힘들의 어수선한 소란과 동요를 우리 자신이 내적으로 인지하는 사태로부터 유래한다. 우리는 늘 살아 움직이는 가치판단들 속에서 사회가 빚는 상황의 모습[상(像)]을 올바로 통제할 의무를 지니고 있으며, 또한 끊임없는 의지의 촉진을 통해 최소한 표상 속에서라도 그 모습을 변형・개조해야 할 책무에 처해 있다.

구성물"로 보았다 하더라도, 결국 근대적인 '주・객'의 분리 구도에 따른 이원론적 한계와 삶의 비합리성, 직관의 형이상학 혹은 불가지론과 진리의 상대성 등 역사주의의 인식론적 한계가 수반하는 핵심 사안들로부터 자유롭지 못했다.

이 모든 것은 사회를 탐구하는 주체에게 사회에 대한 탐구를 자연에 대한 탐구와 철저하게 구별 짓는 분명한 속성을 각인시켜 준다. 사회의 영역 속에서 성립될 수 있는 동일형태성들은 수와 의미 그리고 파악의 명료함 등에서 법칙들—물론 여기서의 법칙들은 움직임의 고유한 특성들 및 공간 속의 관계들의 견고한 토대 위에서 자연에 대해 규정될 수 있었던 원리들 같은 것이다—에 훨씬 못 미칠 정도로 뒤처져 있다. 우리가 사는 이 혹성 체계뿐만 아니라 우리의 눈과 마주치기까지 몇 광년이 걸리는 별들이 속한 천체들의 움직임까지도 인력과 같이 단순한 법칙에 종속되는 것으로서 표시될 수 있으며 그 움직임에 관한 시간의 공간적 확장도 미리 계산될 수 있다. 그러나 사회를 다루는 과학들은 그와 같은 종류의 만족스런 이해를 제공할 능력이 없다. 하나의 개별적인 심리적인 [동시에 심리적 · 물리적인] 통일체에 대한 인식의 어려움들은 그러한 통일체들의 방대한 다양성과 유일성을 통하여, 그리고 이 다양성과 유일성이 사회 속에서 상호작용하는 방식을 통하여, 게다가 그렇게 상호작용하는 그 방대한 다양성과 유일성을 하나로 묶어주는 자연적 조건들의 헝클어진 복잡성을 통하여, 또한 수없이 많은 세대들의 계승 속에서 실현되어 온 그 상호작용들의 총합—이러한 총합은 오늘날 우리가 알고 있는 인간 본성으로부터 예전의 상태들을 직접적으로 연역해 내는 일이나, 인간 본성의 일반적인 유형으로부터 오늘 현재의 상태들을 추론해 내는 일 모두를 허용하지 않는다ㅡ을 통하여 더욱 가중된다. 그럼에도 불구하고 이러한 모든 것은 다음과 같은 두 사항으로 인해 그 난감한 무게를 능가하는 더 큰 의의를 마치 하나의 보상처럼 부여받게 된다. 그 사항의 첫째는 '나' 자신이, 그러니까 스스로를 내적으로 체험하고 인식하는 '나' 자체가, 이 사회체제의 한 성분으로서 존재한다는 사실이다. 그리고 그 사항의 둘째는 분명 그렇게 살아갈 '나'와 동일한 종류의 또 다른 성분들이 존재하며, 따라서 '나'의 경우와 마찬가지로 그들 역시 내적 체험과 인식 속에서 자신을 파악할 수 있는 존재가 된다는 사실이다. '나'는 사회의 삶을 이해한다.[32] '나'와 같은 개체는 한편으로 사회적인 상호작용

32) (옮긴이 주) "Ich verstehe das Leben der Gesellschaft." 이해(verstehen)라는 말 혹은 이 말의 파생어는 앞에서노 종종 언급되있지만, 자연과학의 인식, 즉 설명(erklären)과 대조적인 정신과학의 인식 방법으로서 명확히 언급된 것은 여기서가 처음이다. 이런 점에서 딜타이는 애초부터 해석학적이다. 그러나 이때의 '이해'는 개별 정신과학 일반의 인식에 국한된다. 하지만 비록 그렇게 국한된다 할지라도, 이 국한이 인식의 토대를 이야기하고 있다는 점에서 딜타이의 '이해'는 이미 철학의 수준을 획득하고 있다. 이러한 그의 '이해'는 이후 자연과학

들을 구성하는 하나의 원소로서, 달리 말하자면 사회적 상호작용들의 서로 다른 체계들이 교차하는 지점, 혹은 의식된 의지의 방향과 행동을 통해 그러한 체계들의 영향들에 대해 반응하는 존재와 같다고 할 수 있다. 이와 동시에 그것은 다른 한편으로, 이러한 모든 사태를 바라보고 탐구하는 지성이기도 하다. 이러한 지성에서는 우리에게 마음 혹은 영혼 없이 작용하는 원인들의 놀이가 표상들, 정서들, 그리고 동기들의 놀이로부터 단절된다. 그리고 이로써 다시 열리게 된 상호작용의 놀이 속에서 이제 개체들의 그 유일성과 풍부한 다양성은 '무제한적인 상태'가 된다. 예컨대 하나의 폭포는 어디까지나 동질성을 유지한 채로 함께 떨어지며 돌부리에 부딪치는 물의 부분들로 구성되어 있다. 그러나 하나의 단일한 언명—이것은 결국 입에서 나온 하나의 숨결일 뿐이다—은 순전히 개별적인 통일체들 내지 인간 개체들 속에 있는 동기들의 놀이를 통해, 이 세계의 한 부분에 거주할 영혼 있는 존재들의 사회 전체에 충격을 가한다. '사회에 대한 탐구'를 '자연에 대한 탐구'와 구별 짓는 특색을 가리킬 차이는 그러니까 여기에서

의 인식까지도 아우르는 포괄적인 의미에서의 현대의 '철학적 이해'를 성립하게 된다.

나타나는 상호작용, 이를테면 저마다 서로 다른 종류의 원인 하나하나로부터 유래하여 표상 속에서 발원하는 계기(das Motiv)다. 그리고 이러한 차이로부터, 사회에 대한 탐구를 자연에 대한 탐구로부터 분리하는 또 다른 구별의 특색이 파생된다. 그것을 우리는 다음과 같이 쓸 수 있다. 즉, 정신과학 속에서 작용하는 파악력의 주체는 모든 인간이다. 이 명제의 사실은 정신과학의 위대한 성취들은 단순한 지성의 힘으로부터 나오는 것이 아니라, 인격적인 삶의 역능으로부터 나오는 것임을 고지한다. 이러한 정신적 활동은, 사회의 총체적인 연관구조에 대한 인식을 획득하려는 어떤 심화된 목적을 갖지 않고도, 자신의 정신세계 속에서 유일한 것(das Singular)과 사실적인 것(das Tatsächliche)을 통하여 충분히 매혹적이고 만족스러운 것이 된다. 그리고 이와 같은 정신석 활동의 장에서는 판단의 실천적 경향 및 어떤 이념, 그리고 하나의 규칙 등이 대상에 대한 파악 행위와 함께 어울리며 서로 얽혀든다.

이러한 근본적인 관계들로부터, 사회에 대한 개체의 반성적 고찰이 처해 있는 자리의 이중성이 나타난다. 한편으로 개체는 역사적 · 사회적 현실성 전체로서의 사회 전체에 종사하는 가운데 의식적인 숙고를 통해 자신의 행위를 수행한다. 그러고는 자신의 이 수행을 위한 규칙들을 세우고, 정신적인 세계의 연관구조 속에서 이 규칙들의 조건을 추구한다. 다른 한편으로 개체는 관조적인 지성의 태도를 취하며 그러한 사회 전체에 대한 인식을 얻기 위해 노력한다. 이렇게 보면, 사회를 다루는 과학들은 결국 개체의 고유한 행위와 이 행위의 조건들에 관한 개체의 의식으로부터 유래하게 된 것이다. 바로 이와 같은 배경 위에서 가장 먼저 문법론, 수사학, 논리학, 미학, 윤리학, 법학 등등의 분과가 형성되었다. 그리고 이러한 사실로 인해 다음과 같은 사실이 정초된다. 즉 정신과학의 연관구조 속에 있는 그와 같은 분과들의 태도는 두 종류의 분석과 규칙 부여들, 상술하자면, 개체의 유일한 행위성을 지향하는 분석과 규칙 부여와 어떤 전체적인 사회적 체계를 탐구의 대상으로 삼는 분석과 규칙 부여, 이 양자 사이에서 불안정하게 중간의 자리를 차지하고 있다. 그리고 또 하나의 분과인 정치학 역시 적어도 특히 그 출발의 국면에 있어서는, 만약 정치학이 실제로 이 국면에서부터 그러한 분과들과 이와 동일한 태도의 관심을 공유했던 것이 정말 이라면, 시작의 단계였음에도 불구하고 이미 자신의 개체적 관심을 자신의 또 다른 관심, 즉 정치적 체제를 통찰하는 사회적 관심에 묶어둘 수밖에 없었을 것이다. 그리고 보면, '역사서술'[33]도 오로지 인간의 관심을 통해 내적으로 동기가 부여된 자유롭고 관조적인 어떤 통찰의 필요성으로부터 성립했던 것이다. 그러나 사회 속에서 다양한 모습으로 분화되는 여러 종류의 직업들을 위해 기술(技術)적 능력을 제공하는 예비교육은 항상 더 많은 이론들을 발전시켜 왔으며, 당연한 귀결이겠지만 그렇게 발전시킨 이론들을 통해 자신의 체계를 확장해 나갔다. 이처럼 생산 · 누적되는 기술적 이론들은 그 실천적 필요성에 이끌려 끊임없이 사회의 본질 속으로 더 깊이 파고들어 갔다. 이와 같은 사실은 인식의 관심이 그러한 기술적 이론들을 점차적으로 실제적인 과학들로, 즉 그 기술적 이론들의 실천적인 목적을 견지하면서 이 목적을 역사적 · 사회적 현실성에 대한 어떤 인식의 과제와 함께 다루는 학문들로, 변형시켜 왔다는 것을 의미한다.

이렇게 보면, 사회를 연구하는 개별 과학들의 분리는

---

33) (옮긴이 주) 딜타이는 역사과학(die Geschichtswissenschaft)과 역사서술(die Geschichtschreibung), 그리고 역사기록(Geschichte)을 혼용하는 한편, 역사가(der Historiker)와 역사서술가(der Geschichtschreiber)도 분명한 구분 없이 병기하고 있다. 그러나 그의 관심 중 하나가 기록으로서의 역사에 역사서술의 과학적 객관성을 부여함으로써 일어난 일 내지 사실들에 대한 역사가의 "예술적이면서도 보편적인" 인식의 역사과학을 정초하려는 데 있었음을 고려한다면, 전자의 것들이 후자의 것들보다 과학성의 정도를 더 함축하고 있는 말로 읽힌다.

이론적인 이해의 어떤 기교—즉, 탐구의 대상을 방법적으로 분석함으로써 역사적 · 사회적 세계의 사실들에 대한 문제를 해소하는 어떤 방책—를 통하여 실현될 수 있는 것이 아니다. 그 분리를 이루어낸 것은 오히려 삶 자체였다. 돌이켜 보건대 종종, 정확히 말하자면 역사적으로, 개체의 행위에 영향을 끼치는 사실들의 질서를 산출해냈던 '사회적인 작용 영역의 어떤 분화'가 발생했으며, 그때마다 하나의 이론을 성립시켜 줄 수 있는 조건들이 그 사건을 따라 나타났다. 그러므로 우리는 이렇게 말할 수 있다. 즉 놀라울 만큼 복잡하게 얽혀 있는 구조물을 발생시켜 온 사회의 거대한 차이화의 과정은 자기 자신의 내부에서 어떤 이론의 성립 가능 조건들과 필요성들을 동시에 수반한 이중체였다. 또한 그렇게 주어진 성립 가능 조건들과 필요성들에 의거해 독립적이고 상대적으로 생장하는 모든 삶의 영역에 대한 반성이 하나의 이론으로 형성될 수 있었다. 결국, 사회—이 사회에서는 마치 가장 강력한 기계에서처럼 각각의 바퀴와 회전축 같은 것들이 그들 나름의 고유한 방식에 따라 작동하고, 나아가 전체 속에서 그들 각각이 갖는 기능을 제대로 수행한다—는 그러한 과정 속에서 다양하게 전개될 이론들의 병렬과 혼합 속에서 어떤 확실한 수준에 이르기까지 한껏 온전하게 표현된다.

정신을 연구 대상으로 취하는 실증적인 과학들 역시 그 내부를 들여다보면, 처음에는 자신들의 개별적 이론들이 상호 간에 맺고 있는 관계들 및 자신들의 개별적 이론들이 역사적 · 사회적 현실성의 포괄적인 연관구조－지금 여기서 언급되는 '실증적인 과학'들의 개별적 이론들은 역사적 · 사회적 현실성에 든 이 포괄적인 연관구조의 부분적 내용들을 분리해서 탐구해 왔다－와 맺고 있는 관계들을 확립할 어떤 필요성의 가치에 대해서도 그 의의를 표명하지 않았다. 다만 '뒤늦게' 그리고 '각자 따로따로' 정신철학과 역사철학, 그리고 사회철학이 그러한 균열의 간격을 메우기 위해 개입했다. 이런 사실로부터 우리는 어째서 그 실증적인 과학들의 개별적 이론들이 이러한 철학들을 통해 지속적으로 확실하게 발전하는 과학들의 견고한 위상을 성취하지 못했는가 하는 물음에 대한 근본적인 답을 제시할 수 있을 것이다. 요컨대 실제적인 동시에 발전적으로 숙성된 개별 정신과학들은 '단일하게' 그리고 서로가 '느슨하게 묶인 채'로 역사적 · 사회적 현실성의 거대한 사실의 광활한 배경으로부터 솟아 나온다. 그리고 이런 까닭에 정신과학의 면모는 어떤 일반적인 과학[통합과학]과의 관계를 통해서가 아니라, 오직 살아 있는 사실과의 관계와 살아 있는 사실에 대한 '기술(記述)적 표현'을 통해서 만 규정될 수 있다.

11. 개별 민족들 및 인간 일반의 자연적인 분절 구조화에 대한 과학적 연구

이러한 기술적 표현은 가장 넓은 의미에서의 '역사적'인 또는 사회적인 과학이라 지칭될 수 있는 것['자료인식']으로서, 정신적 세계의 복잡한 사실들을 마치 오늘날의 역사서술 방식과 통계학 내부에서 그것들이 파악되고 있는 경우에서와 흡사하게 '정신적 세계의 복잡한 사실들 자체'의 연관구조 속에서 끌어안는다. 우리는 이미 앞[6장]에서 잡다하고 다양한 연구들 내에서 재료들에 대한 단순한 선택과 수집이 어떻게 '사려 깊은 가공'의 부단한 열정을 통해 점차 과학의 수준으로 이행하는지를 살펴보았다. 이러한 이행의 연관구조를 통해 특히 역사서술이 처한 지리의 독립적인 의의가 사실들을 모으는 작업과 그렇게 모아진 사실들로부터 동일한 종류의 것들을 구분해 내는 어떤 개별 이론의 작업 사이에서 뚜렷이 나타날 수 있었다. 요컨대 거기에서 우리에게 역사서술은 하나의 예술로서 파악되었다. 그럴 수 있었던 것은 여기에서 보다 분명히 말하건대, 역사서술이 마치 예술가의 상상력에서처럼 독특하게 존재하는 개체적인 것의 '일반적인 무엇'을 나타내고 있기 때문이다. 그러므로 우리는 역사서술 속에서 어떤 보편적인 것을 보지만, 이때 우리가 보는 것은 추상을 통하여 개체적인 것과 분리된 것으로서의 '일반적인 무엇'이 아니다. 그것은 자신의 요구에 따라 스스로 표현되는 것으로서, 하나의 이론 내부에서 비로소 처음 발생되는 어떤 내용이다. 이 경우 개체적인 것은 오로지 역사서술가의 정신 속에 내재한 어떤 이념 내지 이상을 통해서만 그 형태를 갖추면서 자신의 자리를 채우게 된다. 그리고 만일 하나의 일반화가 역사서술가로부터 발생할 경우, 그것은 사실들을 단지 하나의 섬광으로써 비출 뿐이며 아주 짧은 순간 동안에만 추상적인 사유를 방출할 것이다. 이러한 역사서술이 예술과 다르지 않은 것은, 그 일반화가 시인들에게도 이미 중요한 기여를 하고 있기 때문이다. 시인들이 표현하는 생의 혼동과 고통, 그리고 격정 등으로부터 시인들의 노래를 경청하는 사람들의 영혼을 어느 한순간에 끌어내, 불현듯 자유로운 사유의 영역으로 밀어 올리는 것이 사실은 그 일반화다.

다양하게 펼쳐지는 인간의 삶을 넓은 시각으로써 응시하며 자세히 이야기하는 역사서술가의 탁월한 통찰로부터, 동일한 종류의 것들에 대한 최초의 어떤 기술적인(deskriptive) 연관 질서가 어떻게든 분리되어 나온다. 그리고 이렇게 분리된 연관 질서는 아주 자연스럽게 개별적 인간을 다루는 인간학으로 귀착된다. 만일 그러한 인간학이 일반적인 인간의 유형, 심리학적 통일체들의 삶에 깃든 일반 법칙들, 그리고 이러한 법칙들의 근저에 기초로서 놓여 있는 개별 유형 간의 차이들 등을 밝혀온 것이라면, 인종학(die Ethnologie) 또는 비교 인간학은 이 지점으로부터 더 멀리 확장해 나갈 수 있다. 보다 협소한 범위에서의 동종의 성질들—이 동종의 성질들을 통하여 전체 속의 집단들은 서로 분리·구별되며 인간 일반의 개별적인 마디들로서 각자 스스로를 표명한다—이 인종학 혹은 비교 인간학의 대상을 형성한다. 이러한 동종의 성질들은 예컨대 인류의 자연적인 분절 구조화, 혹은 이 분절 구조화 위에서 (그리고 지구 전체에 두루 퍼져 있는 조건 아래에서) 일어나는 정신적인 삶의 분포, 혹은 지구 전체의 표면 위에서 나타나는 그와 같은 분포의 상이함들 등으로서 표시될 수 있다. 바로 이 지점으로부터 인종학 또는 비교 인간학은 민족학(die Völkerkunde)으로 자신의 외연을 확장하게 된다. 이때의 민족학은 다음과 같은 사안들, 즉 어떻게 동족의 또는 혈연 공동체의 근거 위에서, 혹은 가계의 수준에서 형성된 동심원들의 형태 속에서 인류가 자연적으로 분절 구조화되는지를 탐구한다. 다시 말해서, 보다 가까운 친족 관계로 연결된 보다 협소한 각각의 집단 속에서 어떻게 새로운 공통의 특징적 징표들이 출현하는 것인지를 탐구한다. 그렇기 때문에 그 과학은 혈통[종과 유]과 가계의 통합, 가장 오래된 거주지, 인류가 두른 공통의 특징적 징표들과 옛 시간들 등에 대한 물음들로부터 다음과 같은 일들에 주의력을 기울인다. 즉 '개별적 종족들을 한정하는 일'과 그렇게 한정될 개별적 종족들만의 고유한 표식들을 규정하는 일, 또는 그 각각의 개별적 종족들을 포함하는 집단들을 분석하는 일이 그것이다. 뿐만 아니라 이 과학은 지리학의 토대 위에서 정신적인 삶의 분포(die Verteiung) 상태를 펼쳐 보이는 동시에, 지구 표면에서 다양하게 나타나는 그러한 분포들의 차이를 규명한다. 그리하여 그것은 흡사 물줄기가 대지의 조건들에 순응해 흐르듯이 저항이 가장 적은 노선을 따라 뻗어가는 인구의 흐름을 보여준다.

역사적인 행위와 역사적인 운명은 이러한 발생론적 분절 구조화와 뒤엉킨다. 그리고 그러한 방식으로 민족들은 스스로를 한 시대의 사회적인 연관구조 속에 존재하는 문화의 '살아 있고 상대적이고 독립적인' 중심들로서, 그리고 역사적인 운동의 운반자로서 정립해 낸다. 물론 어떤 민족은 자신의 근거를 발생론적인 자연 연관구조 속에서 물리적 구체성을 통해 입증할 수 있는 것으로서 간직하고 있다. 그러나 친족 관계에 있는 민족들이 육체적인 유형의 근사[친족]성을 보여준다 하더라도, 게다가 이 유형이 놀라울 정도의 지속성을 보존하고 있다고 하더라도, 그들의 역사적 · 정신적인 용모는 민족들 일반의 삶의 모든 다양한 영역 위에서 항상 더욱 미묘하게 세분화되는 섬세한 차이들의 형태를 취하게 된다.

한 민족이 갖는 이러한 개체적인 삶의 통일체－이것은 한 민족의 삶에서 방출되는 모든 표현들이, 구체적으로 말하자면 한 민족의 법과 언어와 종교적 속성 같은 것들이, 뒤섞이면서 빚어낸 근친적인 특성 속에서 자신을 명확히 나타낸다－는 "민족 영혼", "민족국가", "민족정신", "유기체" 등과 같은 개념을 통해 신비성을 지닌 어떤 것으로서 표현되고 있나. 하지만 그러한 개념들은 마치 삶의 힘이라는 개념이 생리학에게는 쓸모가 없는 관념인 것처럼 실제의 역사에 있어서는 무용한 관념들이다. 민족이라는 낱말의 실질적인 의의가 있다면, 그것은 단지 분석적으로 (그러나 이 분석의 분명한 한계들이 승인된다는 점에서 제한적으로), 그것도 정신과학의 방법론적 연관구조 속에서 이를테면 '두 번째 서열'의 이론들로서 지목될 수 있는 탐구들의 도움을 받아서만 설명될 수 있을 뿐이다. 이때 그 이론들의 서열이 두 번째인 것은 인간학적 진리들을 전제로 하고 있기 때문인데, 우선 앞의 것[두 번째 서열의 이론들]은 뒤의 것[인간학적 진리들]을 자연적 연관구조의 조건들 아래에 있는 개체들의 상호작용에 적용한다. 그리고 그 귀결로 문화의 체계들과 이 체계들의 여러 형태들(die Gestaltung) 및 사회의 외적 유기체와 이 유기체의 내부에 있는 개별적 연합체들 등에 대한 과학들이 생겨난다. 이 경우 과학은 그 자체에 있어서 역사의 복잡한 과정과 개체 사이에서 세 부류의 커다란 대상을 발견한다. 연구 주제로 취해질 이 세 대상은 다음과 같은 일련의 영속적인 사태들, 말하자면 사회의 외적 유기체와 이 유기체 속의 문화 체계들, 그리고 개별 민족들이다. 실제로 연구할 경우, 이것들 사이에서 민족들을 전체들로서 다루는 것이 가장 복잡하고 어렵다. 그 세 부류의 대상은 모두 현실적인 삶의 부분 내용들에 지나지 않기 때문에, 그중 어떤 것도 나머지 다른 것들에 대한 과학적 연구와 연계하지 않고서는 역사적으로 파악되거나 이론적으로 정련될 수 없다. 그렇지만 그렇게 복잡하게 얽힌 관계에 상응하게 되었을 때, 특정한 개별 민족의 사실들이 그저 나머지 두 대상의 사실들에 대한 분석의 도움을 받는 수준에서만 다루어져 왔다. 민족 영혼, 민족정신, 민족국가, 그리고 민족문화와 같은 표현을 통해 가리킬 수 있는 것은 오로지 다음의 실상이 입증되는 한에서 가시적 · 구체적으로 분석되고 표상될 수 있다. 즉, 사람들은 어떤 민족의 삶에 내재한 다양한 측면, 예컨대 언어와 종교와 예술 같은 것들의 의미를 무엇보다도 이것들 간의 상호작용 안에서 파악하고 있다. 이러한 귀결은 이제 우리로 하여금 역사적 · 사회적 현실성을 분석하는 후속의 논의 단계로 넘어갈 것을 요구한다.[34)]

---

34) (옮긴이 주) 이 책에서는 이러한 요구에 호응해 이후 전개된 원전 1권 서론의 세 장(XI장; "보다 확장된 두 개의 개별 정신과학들을 구분 짓는 일", XII장; "문화의 체계들에 대한 과학들", XIII장; "사회의 외적 유기체에 대한 과학들")이 누락되었다. 이 세 개의 장들은 다음과 같은 의도에서 쓰였다. "역사와 사회의 현상들을 연구하는 사람은 모든 지점에서 예술, 과학, 국가, 사회, 종교 등과 같은 추상적인 본체들에 직면하게 되는데, 이 본체들은 역사적 · 사회적 현실성으로 육박하려는 우리의 시야를 가리며 그것들에 대한 우리의 파악을 허락하지 않는 안개의 무리와 같은 것, 혹은 (…) 마치 불변의 실체적 형태들이나 천상의 영혼들이 구현된 것들인 듯 존재하며 심리적 · 물리적인 개체들의 삶을 가리는 추상의 환상들과 같은 것이다. (…) 나는 그러한 안개와 환상을 몰아냄으로써 역사적 · 사회적 현실성을 인식할 방법을 말하고자 한다"(42쪽). 이러한 의도에 따라 딜타이는 그 세 개의 장들에서, 보다 구체적인 용어들("사람들이 어떤 공동의 목적 속에서 자유롭게 종사하는 종교, 예술, 언어, 과학 등의 추구를 내포하고 있는 것으로서의 문화의 체계들"과 "예컨대 도시나 국가처럼 지배와 종속 및 공동의 관계들

에 기초한 집단적 의지가 구현된 권력 기관들을 함축하는 사회의 외적 유기체들")을 통해, 역사적 · 사회적 현실성을 올바로 인식할 두 유형의 개별 정신과학들-"문화의 체계들(die Systemen der Kultur)에 대한 과학"과 "사회의 외적 유기체들(die äusseren Organisation)에 대한 과학"-이 갖는 특성을 해명한다. 그는 XI장의 한 부분에서 우선 "문화의 체계들"을 다루는 과학들에 대해 이렇게 썼다. "(…) 문화의 체계들에 대한 과학들은 심리적인 동시에 심리적 · 물리적 내용들에 근거를 두고 있는데, 이때 이 내용들은 개별 심리학에서 사용된 개념들과는 각별히 다른 형태를 갖는 개념들에 상응한다. 개별 심리학에서 사용된 개념들과 비교해 볼 경우에 이러한 개념들은 그와 같은 정신과학들을 구성하는 두 번째 서열의 개념들(die Begriffe zweiter Ordnung)로서 기술될 수 있다. 이렇게 호명된 개념들의 내용성은 어떤 [문화] 체계가 갖는 목적 연관구조의 근거를 이루는 인간 본성의 요소 안에 놓여 있는 까닭으로 인해, 자연 전체의 조건들에 종속된 개체들의 상호작용으로부터 역사적인 증진의 누적 속에서 합성된 사실들(die zusammengesetzte Tatsachen)을 [두 번째 서열의 심리적인 동시에 심리적 · 물리적인 사실들로서] 제시한다. 그리고 이렇게 제시되는 [두 번째 서열의] 사실들은 [인간학을 수반하는] 심리학 속에서 전개된 일차적인 [개념들의] 내용성과 구분된다. 즉, 그것들은 어떤 [문화의] 체계를 분석하기 위한 토대를 형성한다"(45쪽). 달리 말하자면, "문화의 체계들에 대한 과학들은 단일한 개체'들을 다루는 [개별] 심리학의 개념들에 기초한 개념들, 즉 이른바 두 번째 서열의 개념들로서 형성되며, 이러한 개념들의 도움을 받아 확립된 두 번째 서열의 진리들로서 자신의 질서를 이룬다. 물론 이 질서는 인식론적이고 논리적인 토대 위에서 정련된 것이지만, 그 출발점은 어디까지나 [인간학을 수반하는] 심리학의 분석을 통해 인식할 수 있는 사실들[역사적 · 사회적 세계를 사는 단일 개체들이 빚는 삶의 무진한 사실들]이다"(46쪽). 그리고 딜타이는 XII장에서, "사회의 외적 유기체로부터 내적인 문화를 분리하는 도덕(die Sittlichkeit)이나, 사회의 외적 유기체의 압력에 개의치 않으려는 과학과 예술과 언어와 종교 등과 같은 문화의 체계들과는 달리, 이중성[개체적 정당성과 일반적 정당성]을 두르며 문화의 체계들의 양상과 사회의 외적 유기체의 양상을 모두 갖는 법(das Recht)을 매개로 문화의 체계들과 사회의 외적 유기체 사이의 상호작용성"을 논증한(52~58쪽) 후, XIII장에서 이처럼 말한다. "두 번째 서열의 심리적인 동시에 심리적 · 물리적인 [따라서 인간학을 수반하는 심리학의] 사실들은 문화의 체계들에 대한 분석의 경우에는 어떤 특별한 목적에 따라 결합된 개체들이 갖는 심리적인 [동시에 심리적 · 물리적인] 요소들의 관계를 가리키는 것임에 비해, 사회의 외적 유기체에 대한 분석의 경우에서는 공동체성을 띤 근본 관계와 종속 관계성을 띤 근본 관계에 입각한 [심리적인 동시에 심리적 · 물리적인] 의지들의 결합"(64쪽)을 가리킨다. 이런 점에서 "문화의 체계들을 다루는 정신과학과 사회의 외적 유기체를 다루는 정신과학"은 구별되지만, 그 "두 번째 서열의 개념들"에 상응하는 "두 번째 서열의 사실들"이 사회의 외적 유기체에 대한 분석의 기초가 되기는 마찬가지다. 즉, "문화의 체계들에 천착하는 과학의 개념들과 진리 명제들이 [심리학을 수반하는] 인간학의 개념들과 진리 명제들에 종속되는 이러한 두 번째 서열의 관계는 사회의 외적 유기체를 다루는 과학의 영역에서도 나타난다"(48쪽). 이에 대해 딜타이는 다음과 같이 부연한다. "공동체성을 띠는 근본 관계와 종속 관계성을 띠는 근본 관계에 입각한 의지들의 결합이 빚는 사실들은 어디에서나 인간의 외적 유기체의 기초를 이루고 있다. (…) 그러한 '사실들'은 사회의 외적 유기체를 이해하는 데 있어서 기초가 되는 두 개의 심리적인 동시에 심리적 · 물리적인 사실들이다"(66~67쪽). 요컨대 문화의 체계들 및 사회의 외적 유기체의 사실들과 심리적인 심리적 · 물리적인 개체들의 사실들이 그러하듯이 이 사실들을 다루는 개별 과학들 역시 단절하지 않으며, 이 연속성을 통해 "문화의 체계들"과 "사회의 외적 유기체"에 대한 과학들은 "삶 전체와 이 전체의 추상된 부분 간의 관계를 간과한 추상학파[전통의 형이상학 혹은 실증주의 사회학]의 오류와 추상의 세계로부터 도피하는 역사학파의 오류"(49쪽) 모두를 극복하게 된다. 이러한 해명의 귀결로서 우선 "한 민족의 삶(das Volksleben)에 내재한 다양한 측면들, 예컨대 언어와 종교와 예술 같은 것들을 이것들의 상호작용들 속에서 파악"(42쪽)할 올바른 방법이 "보다 확장된 두 개의 개별 정신과학들"의 진상과 함께 논증된다. 이 논증은 XI, XII, XIII장의 논의를 야기한 X장(이 책의 11장) 말미의 요구를 해소한다. 그리고 이러한 해소의 논리를 통해 결국 《정신과학 입문》의 궁극적 목적과 직결된 다음의 주장이 성립한다. "이렇게 볼 때, 여기에서도 역사적 · 사회적 현실성과 이것의 내용들을 추상화한 개념들 사이의 관계를 명확히 밝혀줄 인식론적이고 논리적인 어떤 토대 구축(eine Grundlegung)의 필요성이 드러난다"(86쪽). 이후 딜타이는 이 주장의 새로움을 나타내기 위해 그러한 토대 구축의 기존 유형들, 즉 전통의 형이상학과 이것들의 변종인 실증주의 철학에 대한 부정적 입장을 취한다. 이러한 그의 입장은 이어지는 다음의 XIV장(이 책의 12장)에서 전통의 형이상학적 입장 혹은 형이상학의 연장선에서 실증주의 철학과 내통하며 역사적 · 사회적 현실성 전체를 파악하는 과학임을 자처했던 독일의 역사철학과 프랑스의 사회학에 대한 비판적 검토를 수행함으로써 역사주의적 입장을 보충하는 견해를 펼치는 가운데 분명히 드러난다.

12. 역사철학과 사회학은 현실적인 진정성을 갖는 과학이 아니다

우리는 지금, 역사적 · 사회적 현실성에 천착하며 완성된 모습을 향해 여태껏 발전의 과정을 걸어온 개별 정신과학들의 한계에 직면해 있다. 이 과학들은 지금까지 자연 전체의 내부에 속한 개체들 사이의 심리적 · 물리적인 상호작용들의 세계 안에 있는 지속적 사태들 중 가장 중요한 것들의 토대와 기능들을 주로 탐구해 왔다. 이런 의미에서 상호작용의 보다 협소한 연관구조들—이 연관구조들은 서로가 서로 위에 놓이는 중층을 이루며 서로에게 개입하고, 또한 자신들을 부담하는 자들(die Träger), 즉 개체들 속에서 상호 교차한다—을 다루는 개별 정신과학들의 탐구에게 지금 필요한 것은 그러한 연관구조들을 표상하되, 추상들로서가 아니라 현실성의 부분 내용들로서 표상하기 위한 부단한 훈련이다. 우리에게는 다양한 인격들이 존재한다. 가령 가족의 일원, 시민, 작업장의 동료 등. 그래서 우리는 만족스런 상태를 향해 정위된 복합체들 속에서, 보다 자세히 말하자면 삶의 어떤 목적 연관의 구조 속에서, 어떤 법적 질서 속에서, 그리고 어떤 도덕적인 책임과 의무의 연관구조 속에서 우리 자신을 발견한다. 단지 반성적인 자각 속에서만 우리는 우리의 내부에서 이러한 모든 관계들을 부담하고 유지해 주는 삶의 통일성과 이에 따른 삶의 연속성을 만날 수 있다. 하지만 사회가 혹은 사회를 함께 부담하는 개체들 중 누군가가 그 지속적인 사태들의 연관구조를 반성의 자각을 통해 의식하는 일 없이도, 우리 인간 사회는 이러한 지속적 사태들의 생성과 형성 및 결합과 분리로 인해 언제나 존속 가능하게 된다.[35] [오히려 생성과 형성 그리고 결합과 분리의 운동, 그 차이화의 과정이 빚어낼 삶의 지속적 사태들이 반성적 자각에 선행한다.] 어떤 차이화의 과정이었든 간에, 로마법이 사적인 법의 영역을 따로 분리해 내거나 중세의 교회가 종교의 영역에 완전한 독립성이 깃들도록 거들었던 것도 사실은 하나의 차이화의 과정 속에서였다. 인간의 정신은 그와 같

35) (옮긴이 주) 반성과 비(非)반성, 그리고 내재와 초월의 역설을 함축하고 있다는 점에서, 이러한 논지는 생활세계(die Lebenswelt)에 닿아 있는 딜타이의 존재론적 가능성을 단적으로 시사한다. 그럼에도 그가 현대의 현상학적 해석학의 성취에 미치지 못한 것은 비록 물자체를 인정하지 않았지만 칸트의 비판적 태도를 좇았던 인식론적 관심 때문이었다(이 책의 각주 36번 참조). 딜타이에게 중요했던 것은 분명 삶의 총체성이었지만 그것은 어디까지나 "의식의 사실들 혹은 내적 경험"[XVII쪽(이 책의 1장)] 속에서 시작되고 끝나는 것이었다.

은 방식으로 자연에 대한 인간의 지배력에 봉사될 기획물로부터 종교와 예술의 가장 높은 형상들에 이르기까지 지금도 끊임없이 이러한 문화의 체계들의 모습과 경계를 형성하고 한정하면서 사회의 외적 유기체를 전개하고 있으며 앞으로도 그러할 것이다. 그로 인해 하나의 형상(ein Bild)이 우리의 눈앞에 펼쳐진다면, 이 형상은 우주의 기원과 구조에 대해 자연과학적 탐구가 그려낼 수 있는 그 어떤 것보다 결코 덜 숭고한 모습을 띠지 않을 것이다. 어딘가에서 오고 어딘가로 가버리는 명멸의 시간들. 이 시간들 속에서 역사적 · 사회적 현실성의 거대한 구조물을 함께 건립하는 개체들 모두의 삶이 그 형상에 배어 있기 때문이다.

설령 어떤 개별 과학이 이러한 지속적 상황들을 역사적 · 사회적인 세계를 채우고 있는 소용돌이치듯 현란하고 불안정한 변화들의 끝없는 놀이로부터 억지로 떼어놓는다 하더라도, 그 개별 과학 역시 역사적 · 사회적 세계의 현실성이라는 공동의 토대로부터 자신의 자양분과 기원을 취하고 있기는 마찬가지다.[36] 개별 과학들은 자신이

---

36) (옮긴이 주) "삶의 근원적인 전체"로부터 유래하는 이때의 개별 과학들이 어떤 식으로든 자연과학의 영역을 포함하는 것이라면, 현대의 현상학적 혹은 존재론적 해석학에서처럼 모든 과학들의 뿌리는 삶의

추출된 배경인 전체와의 연관 속에서, 그리고 자신의 부담자이자 형성자인 개체들과의 연관 속에서, 또한 사회가 끌어안고 있는 또 다른 지속적인 형태들과의 연관 속에서, 자신의 모든 과정을 마치 생의 이력처럼 겪는다. 그리고 이러한 연관 체계들의 각 작용들에 수반된 상호 관계의 문제는 사회적 현실성의 형편(der Haushalt) 속에서 발생한다. 때문에 [자연과학적 태도의 무심함을 조금이라도 접을 경우] 우리는 하나의 살아 있는 전체로서의 이러한 현실성 자체를 인식하고 싶어 한다. 하지만 이러한 바람으로 인해, 우리는 정신과학의 가장 일반적이고도 궁극적인 문제로 계속 내몰리게 된다. 우리는 과연 역사적 · 사회적

세계 혹은 역사적 · 사회적 현실성이 된다. 그럼에도 딜타이가 정신과학의 토대만을 삶 속에서 구축하려 했던 것은 상호 환원될 수 없는, 그러나 양립 가능한, 자연과학과의 "비교 불가능성" 때문이었다. 이러한 이원론적 귀결은 그의 인식론적 태도 때문이었다. 왜냐하면 이 태도에서는 인식의 거리로 인해 시선의 방향과 성질이 둘로 갈라질 수 있기 때문이다. "내적 의식과 외적 경험은 인간의 동일한 활동에서 나오지 않는다." 이러한 갈라짐 속에서 딜타이의 관념은 자연 세계의 "물자체"에 대한 불가지론성과 정신세계의 "사실 자체"에 대한 객관적 확실성을 동시에 두르게 된다. 이와 같은 사실은 딜타이를 극복하는 현대 철학의 장소를 말해주는데, 그 장소가 인식의 거리가 없기에 갈라질 시선도 없는 존재론적 태도의 영역이기에 그러하다[14~24쪽(이 책의 3장과 4장) 참조].

현실성의 이러한 전체에 대한 인식을 가질 수 있는 것인가?

그 어떤 개별 과학들이 성취한 것이든 사실들에 대한 과학적 가공은 사실상 몇몇의 연관구조들로 과학자들을 인도한다. 하지만 언뜻 보기에 과학자들은 이 연관구조들의 목적들을 발견할 수도, 또한 설령 발견했다 하더라도 발견된 그 목적들을 서로 연결할 수도 없을 것처럼 보인다. 여기서 나는 시적 작품들에 대한 연구를 예로 들어 이러한 상황에 대해 설명하고자 한다. 묘사된 외양들의 연속 이면에 내재한 시적 작품들의 다양한 세계는 무엇보다도 먼저 문화적인 연관구조 안에서 파악 가능한 현실성과 그러한 현실성의 내부에서만 이해 가능한 것이 된다. 왜냐하면 어떤 위대한 시적 작품의 플롯과 모티브와 캐릭터는 삶의 이상과 세계관 그리고 그 작품이 성립된 당대의 사회적 현실성 등을 통해 결정되며, 또한 그것의 배후에서 보면 시적인 요소들과 동기 그리고 인물들에 대한 세계사적인 전용과 전개를 통하여 결정되기 때문이다. 한편, 하나의 시적 작품과 이 시적 작품의 영향에 대한 분석은 예술로써 제시된(vorliegend) 문화체계의 그러한 측면에 기초로서 놓여 있는 일반 법칙들을 나중에 소급해서 가리켜야 한다. 하나의 시적 작품을 인식 가능한 것으로 만들어주는 가장 중요한 개념들과 하나의 시적 작품의 표현 형태 속에서 작동하는 법칙들이 사실은 '시인의 상상력'과 '경험의 세계에 대해 시인의 상상력이 취하는 태도' 속에서 정초된 것들이고, 따라서 하나의 시적 작품이 함축하고 있을 그 개념들과 법칙들은 시인의 이와 같은 상상력과 태도에 대한 분석을 통해서만이 획득될 수 있는 것들이라는 까닭에서 그러하다. 그러나 우리에게 우선 하나의 놀라움으로서, 그리고 인간의 일상적인 생활과 확연히 구분되는 어떤 낯선 현상으로서 부딪쳐 오는 이 상상력은 단지 몇몇의 비범한 인간이 각별한 과정의 예외적인 힘 위에서 빚어낸 보다 강력한 유기체로 분석될 뿐이다. 따라서 정신적인 삶은 자신의 일반적인 법칙들에 따라 이러한 강력한 유기체를 그렇게 [예외적인 힘으로] 생산하는 가운데 형식과 성취(내용)의 어떤 총체를 향해 성장해 간다. 이때 총체는 인간의 '평균적인 본성'과는 완전히 단절된 것이지만, 동시에 단지 '동일한 법칙'들 속에서만 정초되는 것이기도 하다. 이러한 까닭에 우리는 다시 인간학으로 되돌아가게 된다. 아닌 게 아니라 인간학의 측면에서 미적인 감수성은 상상력의 상호 연관적 사실들을 형성한다. 마치 도덕적 판단이 행위의 배후에서 동기를 유발하는 힘들이 되는 것과 같은 형국으로, 그것들[미적인 감수성과 상상력의 상호 연관적 사실들]은 그렇게 서로 맞물려 있다. 시의 효력과 시의 효력에 대한 평가 위에서 정초된 테크닉, 그리고 어떤 시대로 전달되는 미학적 정서의 이행 등을 설명해 주는 이 같은 사실 역시 정신적인 삶의 일반적 법칙들로부터 귀결된 사실 중 하나다. 정신적인 삶 일반에 대한 연구가 두 논점에서 시적인 작품들의 역사와 민족적인 문학들에 대한 연구를 제약하는 것도 따지고 보면 여기에서 유래한다.

그 첫 번째 논점에서 우리가 발견했던 것은 정신적인 삶이 역사적 · 사회적 현실성 전체에 대한 인식에 종속되어 있다는 사실이다. 이는 역사적 · 사회적 현실성 전체의 구체적인 인과적 연관구조가 인간 문화 일반의 구체적인 인과적 연관구조 속으로 얽혀든다는 것을 의미한다. 그러나 우리가 그 두 번째 논점에서 발견했던 것은 민족적인 문학과 시적인 작품들 같은 창작물을 생산해 온 정신적인 활동의 본성이 정신적인 삶 일반을 통제하는 법칙들에 따라 기능하는 데 있다는 사실이다. 그러므로 훌륭한 문학과 이런 문학의 역사에 대한 연구를 위한 토대로서 구축되어야만 할 참다운 시학은 자신의 개념들과 원리들을 역사적인 탐구와 이에 상응하는 인간적인 본성에 대한 일반적 연구의 결합으로부터 획득해야만 한다. 이렇게 보면 결과적으로 시적인 작품들을 생산하고 그 가치를 판단하는 데 필요한 규칙들을 고안하는 일에 쏠렸던 종래 시학들의 과제는 경멸스러운 것이 아니다. 예컨대, 레싱(G. E. Lessing)의 두 고전적 저작들은 우리의 미적 감수성을 통제하는 조건들로부터 어떻게 명료한 규칙들을 이끌어낼 수 있는 것인지를 하나의 특정한 예술적 책무의 보편적 성질에 기대어 이야기하고 있다. 물론 레싱은 문제들을 나누고, 또 당시에 자신이 풀 수 있었던 개별적인 문제들을 선택하는 그만의 독특한 전략에 따랐다. 때문에 그는 '무엇이 시적 작품들의 인상을 결정하는 것인지'를 평가하는 하나의 일반적 방법을 성립시키는 배경을 분명히 해명하지 않은 채 고의적으로 남겨두었다. 그러나 다음과 같은 사실, 즉 그러한 전략의 방식에 따라 일반적으로 이해된 문제를 미적 결과들에 대한 분석을 통해 다루었던 그의 작업이 역사에 상응하는 인간적인 본성의 가장 일반적 특성들로 소급하게 되었다는 것만은 분명하다. 그렇기에 우리는 '역사의 부분'에 대한 파악으로부터 미적 판단을 격리시킬 수가 없다. 왜냐하면 무관심하게 방치된 많은 작품 속에서 고찰을 위해 하나의 작품을 선택하는 우리의 관심[주관]에는 이미 미적 판단이 기초로서 놓여 있기 때문이다. 가치판단이 배척되어 있을 하나의 정확한 인과적 인식, 우리는 결코 그러한 종류의 인식을 산출해 낼 수 없다. 인식하는 주체가 인간 전체인 이상, 우리는 이러한 가치판단을 어떠한 종류의 정신 화학(die geistige Chemie)을 통해서도 역사적인 인식으로부터 단절시킬 수 없다. 그러나 한편으로 '가치를 표명하는 판단'과 '규칙'은, 이것들 스스로가 인식의 역사적인 연관구조 속으로 얽혀드는 것처럼, 독립적인 부류의 세 번째 원리들—이 원리들은 나머지 첫 번째와 두 번째의 독립적인 부류의 원리들로부터 도출될 수 없다—을 만들어낸다. 우리는 이미 1권 서론의 앞부분에서 이러한 사실을 다룬 바 있다.[37] 그와 같은 인식의 역사적인 연관구조는 단지 심리학적인 근원 속에서만 성립이 가능해질 것이지만, 그러나 개별 과학들을 넘어서는 '반성적인 자각'만이 이러한 연관구조의 심층으로 파고들 수 있다.

모든 개별적인 탐구와 과학을 역사적 · 사회적 현실성 전체 및 이 현실성에 대한 인식과 함께 묶어주는 세 겹의 결합은 각각의 다른 관점에서 논증될 수 있다. 이 관점들은 다음과 같다. 즉, (1) 역사적 · 사회적 현실성의 모든 사실과 변화들이 함축하는 구체적인 인과적 연관구조와의

37) (옮긴이 주) 이 책의 7장 참조.

결합, 그리고 (2) 역사적 · 사회적 현실성의 성립을 가능하게 하는 일반법칙들과의 결합, 끝으로 (3) 책무들의 연관구조에 처한 인간의 관계성 아래에 놓여 있는 가치들 및 정언명령들의 체계와의 결합. 이로써 우리는 이제 좀 더 정확하게 채문할 수 있게 되었다. 과연 하나의 과학, 즉 개별 과학을 초월하는 이 세 겹의 연관구조를 인식하는 과학이, 역사적인 사실과 법칙 및 판단을 이끄는 원리 간의 관계들을 파악하는 과학이 존재하는가?

긍지 어린 이름의 두 과학들, 즉 독일의 역사철학과 영국과 프랑스의 사회학은 그러한 종류의 과학에 상응하는 인식의 수행자임을 천명한다. 이 두 과학 중 독일의 역사철학은 모든 인간의 역사 속에서 진보하는 교육의 내적 연관구조에 대한 기독교적 사상에 뿌리를 두고 있다. 이 철학은 클레멘스(St. Clemens)와 아우구스티누스(St. Augustinus)에 의해 그 발전이 시작되었으며, 비코(G. Vico) 이후 레싱, 헤르더, 훔볼트, 그리고 헤겔 등 독일의 사상가들에 의해 전개되었다. 이러한 역동적인 흐름 속에서 독일의 역사철학은 신의 섭리를 통한 모든 민족의 일반적 교육 및 이러한 교육을 통해 실현될 신의 왕국에 대한 기독교적 이념을 수용했으며, 이러한 경향은 오늘날에도 여전히 존속한다. 또 다른 과학, 즉 영국과 프랑스의 '사회학'은 18세기 중·후반 유럽 사회의 격동적인 상황에서 유래했다. 그 상황이 격동적이었던 것은 18세기에 접어들며 폭발할 듯 증대된 과학정신의 지도와 편달 아래 하나의 새로운 사회적 유기체의 실현이 필연적으로 예고되었기 때문이다. 이러한 시대적 격동에 따라 과학적 진리들의 전체 체계를 포괄하는 연관구조가 수학의 토대 위에서 구축되어야 했으며, 이러한 시대적 요구에 맞물려 과학적 진리들의 '최후 혹은 최고'의 분절에서 그 연관구조의 마지막을 장식할 진리들의 체계로서 새롭게 구제된 사회학의 정초가 예정되어 있었다. 콩도르세(M. Condorcet)와 생시몽(C. Saint-Simon)은 이러한 포괄적인 과학을 가시화한 선구자들이었다. 또한 콩트는 이 과학의 창립자였고 밀은 그것을 논변한 이론가였다. 그러나 그렇게 전개되어 온 영국과 프랑스의 사회학은 스펜서의 곡진한 표현 속에서 그 기세가 누그러지기 시작했다.[38]

---

38) 콩트의 사회학에는 생시몽의 나음과 같은 생각에서 착안된 내용이 들어 있다. 우선 국가라는 한계들 내부에 갇히지 않는, 따라서 국가와는 구별되는, 하나의 공동체로서의 사회의 개념을 가리켰던 생시몽의 생각이 콩트에게 영향을 끼쳤다. 일례로 그는 1814년 티에리(A. Thierry)와 함께 쓴 한 에세이에서 다음과 같이 말한 바 있다. "유럽의 사회를 재편하는 것, 혹은 유럽인을 하나로 모으는 일의 필요성과 수단을 숙지하고 강구하여 이로부터 하나의 단일한 정치적 조직에 이르는

역사서술가의 (우리가 앞에서 살펴보았던 의미에서의) 예술로 하여금 인간적인 개별 사물들에 함축된 연관 구조의 일반성을 조망하게 해줄 하나의 방법은 다른 어떤 것이 아니라 바로 거대한 역사적 · 사회적인 세계의 연관 구조를 우리에 대해 거기에 있는 것으로서 현존시키는 어

것, 그러면서도 다른 한편으로 그들 각각의 민족성을 보존하는 것 (réorganisation de la société européene, ou de la nécessité et des moyens de rassembler les peuples de l'Europe en un seul corps politique, en conservant à chacun sa nationalité)." 그리고 "한 사회의 붕괴에 따른 새로운 질서 재편의 필요성과 실증적인 과학들 내에서 진리의 연결 상태를 발견하고 또한 이러한 연결 상태로부터 사회과학들을 도출해 낼 하나의 지도적인 정신의 힘, 정확히 말하자면 실증적인 과학들의 철학을 통한 이 필요성의 충족" 등의 사항들도 콩트에게 흘러든 생시몽의 생각을 이루는 요소 중 하나다. 이에 대해서는 《신백과사전(Nouvelle Encyclopédie)》(1810) 및 이것에 대한 《연구보고(mémoire)》 등을 참조. 콩트에게 유입된 생시몽의 생각 중 나머지 하나는 생시몽의 통섭적인 기획－이 기획에 따라 그는 1797년부터 공과대학에서 수학적이고 물리학적인 과학들을 공부하기 시작했으며, 이어 의과대학에서 생물학적 과학들을 더 공부했다－의 아이디어인데, 실제로 이 생각은 그의 (사후의) 협력자이자 제자인 콩트의 과학적 정신에 와서야 사실상 실현되었다. 콩트는 이러한 사상적 토대 위에서 튀르고(A. Turgot)가 1750년 이후에 전개한 지성의 세 단계에 대한 이론을 사회를 공유하는 정신적인 권력의 필요성에 대한 이론과 결합했다. 이는 메스트르(de Maistre)의 청교도주의의 사회 해체적인 경향에 맞선 것이었다.

떤 유일한 배타적 형식이라는 주장을 우리가 만일 옳다고 생각한다면, 그것은 분명 딱한 믿음일 것이다. 역사서술의 가장 중대한 임무는 항상 앞서 말했던 바의 예술적인 표현 속에서 수행되며, 이러한 수행의 과제는 최근에 몇몇의 영국과 프랑스의 연구자들이 보여주었던 일반화를 향한 [실증주의의] 열망을 통해서도 파기될 수 없는 것이다. 왜냐하면 현실성을 지각하기 위하여 우리의 인식론적인 탐구과정은 다음의 사실을 보여주어야 하기 때문이다. 즉, 현실성이란 어떤 종류의 매개물을 통해서도 변하지 않는 실제의 사실성 속에서, 그리고 오로지 바로 이러한 실제의 사실성이 나타나는 정신의 세계 속에서, 우리들에 대해 있는 그대로의 것으로서 존재하는 것이다. 그리고 사실상 모든 인간적인 사물들에 대한 우리의 조망 속에는 표상적인 관심뿐만 아니라 징서적인 관심과 공감적인 관심, 그리고 괴테로 하여금 역사적인 고찰의 가장 아름다운 결실을 적확하게 가리킬 수 있게끔 해주었던 열광적인 관심 등이 나란히 놓여 있다. 몰두(die Hingebung)는 진정으로 교감적인 역사가의 내면을 역사적 세계 전체가 반영되어 있는 하나의 우주로 이끈다. 교감으로써 만날 것이기에 도덕적인 힘들의 세계와 다르지 않을 이러한 우주 속에서, 단일하거나 유일한 것은 외적이고 물리적인 자연 속의 경우와는 전혀 다른 어떤 의의를 갖는다. 이때 그 의의를 파악하는 것은 수단이 아니라 그 자체로 목적이 된다. 이는 그 의의의 근거인 (역사가 내면의) 요구 혹은 필요에 의해 소거될 수 없는 것으로서, 우리 인간의 본성 한복판에서 우리 인간의 본성 중 최상위의 요소와 함께 주어지기 때문이다. 하지만 이 때문에 역사서술가의 시선은 천성적으로 비범한 것을 편애하고 집착한다. 비범한 것을 갈구하지 않고도, 사실은 종종 '비범한 것'을 알지도 못한 채, 역사서술가는 끊임없이 추상들을 이끌어낸다. 그러나 이렇게 되면 역사서술가의 두 눈은 마치 어떤 인상이 망막의 특별한 지점을 지속적으로 자극하게 될 경우 그것의 효력이 둔감해지는 것처럼, 모든 역사적 현상 속에서 되풀이되는 사건들의 부분에 대한 감응 능력을 상실하게 된다. 일상, 혹은 한 시대의 통속적인 모든 것, 그리고 볼테르(F. A. Voltaire)가 표현했던 "관습", 아울러 그러한 나날 속의 평범한 요소들 간의 관계 안에서 생겨나는 변화를 국가의 운명이나 왕의 행동과 같이 비범한 것들과 비교하면서 다시금 정확히 살펴보기 위해서는 18세기의 박애주의적인 동기들이 필요하다. 물론 인간의 본성 및 일상의 세속적인 삶 속에서 항상 동일한 것으로 존재할 기체(der Untergrund)를 대체로 허용하지 않는다는 점에서 예술적인 역사 표현 역시 추상과 단절한 것이 아니라 [주관적인] '어떤 추상'에 근거하고 있다. 그러나 이와 같은 추상은 비의지적인 것이며, 인간 본성의 한복판에서 가장 강력한 동인으로 작용하는 힘들로부터 솟아 나온다. 그래서 우리는 으레 그것을 전혀 자각하지 못한다. 우리는 역사적인 사건들을 눈앞에 생생하게 그려낸 예술을 통해 과거의 어떤 사건을 체험할 때, 마치 삶 자신의 연극을 통해서 깨우치게 되는 것처럼 그렇게 무엇인가를 깨우쳐 알게 된다. 실제로 우리 인간존재는 스스로 확장되지만, 동시에 우리의 현존은 우리들 저마다가 지닌 것보다 더 강력한 심리적인 [동시에 심리적 · 물리적인] 힘들에 의해 고양된다.

따라서 사회학적인 이론들과 역사철학적인 이론들은 참되지 못한 것이다. 왜냐하면 이것들은 개별적인 단일한 대상들을 그저 추상을 위한 날것의 자료들로서만 탐지하고 표현하기 때문이다. 하지만 이러한 표현이 가능할 것이라는 생각은 일종의 미신이다. 이 미신은 역사서술가들이 단일한 것들에서 발견한 자료들을 마치 연금술을 부리듯 추상이라는 순수한 황금으로 변질시키고 역사로 하여금 자신의 궁극적인 비밀을 누설하도록 강요하기 위해, 역사서술가들의 수고를 불가사의한 과정에 예속시켰다. 따라서 이것은 일찍이 자연의 위대한 말을 자연으로부터 편

취하는 것(zu entlocken)으로 여겼던 한 자연철학자의 오묘한 꿈만큼이나 무모하다. 자연에서도 그러하지만, 마찬가지로 역사에서도 자신의 참된 의미를 샅샅이 다 진술할 수 있을 정도로 그렇게 최종적이고 단적인 폭로의 말은 존재하지 않는 법이다. 일반적으로 볼 때, 이러한 미신과 같은 오류의 총체는 막연한 정서라기보다는 그러한 미신과 결합된 '절차'라고 볼 수 있다. 이 절차는 무엇보다도 역사서술가들이 이미 형성해 놓은 여러 관점의 견해들을 통합하여 하나의 단일한 통합체로 만들려 애쓴다. 그러나 역사적인 세계를 탐구의 대상으로 취하는 사상가는 매개 없이 주어지는 날것의 자료들과 직접적으로 접촉하는 한편, 역사와 역사를 다루는 방법에 정통해야만 한다. 그는 역사서술가들이 따르고 있는 것과 동일한 법칙에, 즉 날것의 자료들을 가공하는 고된 노동의 법칙에 자신을 내맡겨야 한다. 심리학적 원리들을 갖고서든 혹은 형이상학적 원리들을 갖고서든, 역사서술가들의 통찰과 작업을 통하여 이미 하나의 예술적 총체로서 함께 묶인 자료를 어떤 연관구조 속으로 응집하려는 시도는 하나의 조작적인 기도와 같은 것으로서 언제나 결과 없는 소모성과 짝하게 된다. 누군가가 역사철학에 대해 이야기할 경우, 그것은 단지 철학적인 의도와 철학적인 보조 수단에 갇힌 역사적 탐구를 뜻하는 것에 그칠 수 있다.

그러나 이러한 것은 문제의 이면에 불과하다. 정작 중요한 것은 개별의 단일한 것과 일반적인 것 사이를 잇는 고리—이 고리는 역사서술가의 독창적인 직관 속에 놓여 있다—가 역사적 · 사회적 현실성 전체에 속해 있는 어떤 하나의 개별적 구성 요소를 '이론적 고찰' 아래 종속시키는 분석을 통해 끊어진다는 사실이다. 우리가 이미 논급했던 사회를 탐구하는 개별 과학들 속에서 이러한 분석의 방식을 거쳐 생겨나는 각각의 이론들은 하나의 일반적인 설명적 연관구조를 사실들(die Tatsachen)의 직물로부터 분리해 낸다는 점에서 분명 하나의 진보이며, 이 이론 중 어느 것도 이러한 진보의 과정을 멈추지 않을 것이다. 그러니까 역사적 · 사회적 현실성이 형성하는 총괄적 연관구조(der Gesamtzusammenhang)는 별도의 어떤 이론적 고찰—이 이론적 고찰은 역사적 · 사회적 현실성이 빚는 총괄적 연관구조의 내부에 존재할 설명 가능한 어떤 것을 자신의 탐구 목적으로 삼는다—의 대상이 되어야만 할 것이다. 그러나 지금의 역사철학이나 사회학이 이러한 이론적 고찰일 수 있는가? 이제 이에 대한 전체적인 견해가 이 물음에 대한 부정적 대답을 유도하는 몇 개의 전제들 아래에서 제시될 것이다. (요컨대, 이 물음은 다음과 같은 일련의 판단에 대한 논증의 귀결을 통해 부정적인 대답을 갖게 된다. 즉, (1) 정신과학의 연관구조 내부에 놓인 역사과학의 책무에 대한 규정을 고려할 때, 역사철학과 사회학의 과제는 해소될 수 없는 것이다. (2) 역사철학과 사회학은 그릇된 탐구 방법을 사용한다. (3) 역사철학과 사회학은 역사과학의 위치를 사회를 다루는 개별 과학들과의 연관 속에서 인식하지 못한다.)[39]

---

39) (옮긴이 주) 원전의 1권 서론에는 이 세 개의 판단과 관련된 제목이 달린 세 개의 장(XV장; Ihre Aufgabe ist unlösbar, XVI장; Ihre Methoden sind falsh, XVII장; Sie erkennen nicht die Stellung der Geschichtswissenschaft zu den Einzelwissenschaften der Gesellschaft)이 포함되어 있으나 이 책에서는 누락되었다. 그 요지는 다음과 같다. (1) 프랑스의 사회학과 독일의 역사철학은 역사를 하나의 통일체로 환원하려 한다는 점에서, 그리고 사회에 대한 하나의 총괄적 인식을 주장한다는 점에서, 해소 불가능한 문제들을 추구하고 있다. 그 과학들의 이론적 요체가 예컨대 레싱이 말하는 "인류의 도야(die Erziehung des Menschengeschlechtes)"이든, 헤겔이 주장하는 "스스로 전개하는 신(die Selbstentwicklung Gottes)"이든, 아니면 콩트가 가리키는 "위계적 체제의 변형(die Umwandlung der hierarchischn Organisation)"이든 간에, 모두가 "보편적 이성"이나 "세계이성" 또는 "정형화된 사회" 등과 같은 실체들을 승인하고 있다. 이러한 점에서 볼 때 그것들은 역사를 어떤 절대적인 존재의 전개 양상으로 간주하는 형이상학의 우를 범하며 "삶의 현실성을 단지 그늘 속에서 확실한 것으로 파악한다"(100~101쪽). 그리고 (2) 탐구 방법의 측면에서 볼 때, "만일

역사철학과 사회학이 수립한 과제가 이처럼 본성상 해소 불가능한 것이라면, 그들의 탐구 방법들은 현혹적인 일반화를 이야기할 수는 있어도, 인식의 지속적인 확장을 초래할 수는 없을 것이다"(104쪽). 실제로, 독일의 역사철학은 "빙켈만(J. Winckelmann)에서 훔볼트에 이르기까지 살아 있는 역사적 · 사회적 현실성과 단절했으며 결국은 헤겔의 정신(der Geist)이나 슐라이어마허의 이성(die Vernuf)과 같이 순수한 추상으로 떨어진다"(104~105쪽). 그리고 프랑스의 사회학은 비록 형이상학을 실증주의적인 관점에서 능가하고 있지만, 이 입장은 예컨대 콩트의 경우처럼 옛 사변적 형이상학을 역사에 대한 자연주의적 형이상학으로 대치 · 변주하는 국면에서 그친다. "노골적인 자연주의적(naturalistische) 형이상학, 그것이 이 사회학의 실제 토대다"(107쪽). 끝으로, (3) 독일의 역사철학과 프랑스의 사회학은 사회를 다루는 개별과학들 내에 들어 있는 역사과학의 존재를 제대로 승인하지 못하는 문제를 안고 있다. 달리 말해서, 그것들은 "역사적 발전에 대한 이론(die Theorie des geschichtlichen Fortschritts)" 내지 역사과학의 인식이 함축하고 있는 일반화에 대해 어떤 '과학적 기초'도 제공하지 못한다. "역사철학은 어떤 역사적 발전의 법칙을 역사적 · 사회적 현실성으로부터 충분히 혹은 선명하게 직접 도출할 능력을 갖고 있지 못하다"(110쪽). 그리고 실증주의의 사회학은 이 역사적 발전의 법칙을 "위계질서의 환영(das Schattenbild)에 이끌리는 사회의 역동성"(112쪽)으로 표현하는 한계를 보인다. 이러한 역사철학과 사회학은 역사적 · 사회적 현실성을 인식할 수 있는 과학의 진정성을 갖지 못한다. 따라서 그것들은 역사적 · 사회적 현실성이 형성하는 전체 내지 총괄적 연관구조를 인식할 수도 없다. 역사적 · 사회적 현실성의 전체 혹은 총괄적 연관구조는 그와 같은 독일의 역사철학과 프랑스의 사회학에서의 고찰 같은 것이 아닌 "다른 어떤 이론적 고찰"의 대상이다. 물론 이 이론적 고찰은 그 역사철학과 사회학이 수반하는 형이상학의 고찰 같은 것일 수는 없다. 이제 딜타이의《정신과학 입문》1권 서론은 이러한 생각 위에서 두 가지 방향의 결론을 산출한다. 그 하나는 다음의 XVIII장(이 책의 13장)이며, 다른 하나는 이 장에 곧바로 이어지는 마지막 XIX장(이 책의 14장)이다. 우선, 전자에서는 역사적 · 사회적 현실성의 '전체' 내지 '총괄적 연관구조'가 형이상학적 태도에 종속된 역사철학이나 사회학이 아니라 "오로지 '개별적 연관구조들'을 다루는 개별 정신과학을 통해서만 (부분적으로) 도달할"(113쪽) 수 있을 뿐이라는 것이다. 또한 비록 이제 막 시작되었기는 하지만 오늘날의 개별 정신과학들은 이러한 요구에 충실히 부응하며 점차로 확장 · 완성의 길을 모색한다는 결론을 도출하고 있다. 그리고 후자에서는 앞서 말한 역사적 · 사회적 현실성에 대한 "다른 어떤 이론적 고찰"을 독일의 역사철학과 프랑스의 사회학에 작용했던 형이상학적 고찰이 아닌 (심리학을 수반하는) 인간학을 이용한 정신과학의 인식론적인 토대 구축을 전개하는 과제의 필요성을 역설하고 있다. 이어 이러한 필요를 충족하기 위한 "역사이성 비판"의 한 방법을 인식론 및 (인간학을 수반하는) 심리학과 논리학 사이의 연결 사태를 통해 제시하고 있다.

13. 개별 정신과학들의 점진적인 확장과 완성

정신을 다루는 개별 과학들은 끊임없이 새로운 사실들을 좇으며, 점차 비교적인 방법과 심리학적 토대를 통하여 일반적 이론의 특징을 획득하게 된다. 그리고 만일 그 과학들이 현실성 속에서 서로에 대한 자신들의 숱한 관계들을 보다 더 명확히 알게 된다면, 좀처럼 해결되기 어려울 것 같은 역사철학 혹은 정신철학의 문제들 및 사회학의 문제들 또한 그러한 관계들의 연관구조 속에서 좀 더 해결에 근접해 갈 것이다.

우리는 어떻게 이러한 개별 과학들이 분석과 추상의 과정을 통해 총체적인 연관구조로부터 분리되었는지를 보아왔다. 그것들의 진리는 그것들의 추상적 명제들을 함축하고 있는 역사적 · 사회적 현실성과의 관계 속에 놓여있다. 단지 그와 같은 명제들 속에 이러한 관계가 포함되는 한에서만, 정신을 다루는 개별 과학들은 이러한 현실성에 관해 어떤 가치라도 가질 수 있게 될 것이다. 하지만 이러한 연관구조의 균열 속에서 재앙 같은 오류들이 분출했다. 실제로 이 오류들은 추상적인 자연법칙으로서, 추상적인 정치 질서로서, 자연적인 종교체계로서, 한마디로 말하자면 17세기와 18세기의 자연적 체계로서 우리의 과학들을 타락시키며 사회에 손상을 가하고 있다. 개별 과학들이 인식론적 의식을 통해 자신들의 명제를 역사적·사회적 현실성—이 역사적·사회적 현실성으로부터 앞의 명제들이 추상화되었다—과 연결짓는 일을 견지하고 있는 한, 그것들의 명제들은 어떤 식으로 얼마만큼 추상적이 되었건 간에 자신들의 가치 내지 유효성의 정도를 역사적·사회적 현실성과의 연관 속에서 보존하고 있다. 그러나 우리는 다음의 사실 또한 알고 있다. 즉 역사적·사회적 현실성의 구체적인 총괄적 연관구조를 개별적 연관구조들로 분해함으로써 얻을 수 있는 지식, 이를테면 개별적 연관구조들을 다루는 그러한 개별 과학들을 통해서 도달할 수 있는 인식 이외에는 역사적·사회적 현실성의 구체적인 '총괄적 연관구조'에 대한 어떤 인식도 우리에게 허락되지 않는다. 최종 심급의 측면에서 볼 때, 총괄적 연관구조에 대한 우리의 인식은 단지 스스로가 논리적 연관구조(der logischen Zusammenhang)를 완전히 의식하고 명확히 밝히는 것에 달려 있는데, 이 경우 논리적 연관구조를 통해 개별 과학들은 그 총괄적 연관구조를 전유하거나 혹은 그것을 우리가 인지하도록 허용해 준다. 그러니 그렇지 못하여 고립된 개별 정신과학들은 죽어 핏기 없는 추상으로 떨어질 수밖에 없다. 고립된 정신철학 역시 하나의 유령이 될 것이다. 역사적 · 사회적 현실성에 대한 철학적 고찰을 실증적인 방법으로부터 분리하는 것은 형이상학의 유해한 유산을 반복하는 결과를 초래한다.

개별 정신과학들의 전개는 이러한 사실들과 어울리는 진보의 모습을 보여준다. 무엇보다도 우선 편견 없는, 그러니까 지난 시절의 추상으로부터 자유로운 분석들은 문화의 체계들에서 유래한 개별적 표현 형태들—토크빌의 빛나는 저작들 이래 우리는 이러한 개별적 표현 형태들을 충분히 보유하고 있다—혹은 사회의 외적 유기체의 영역에서 유래한 개별적 표현 형태들에 대한 해부를 통해 역사적으로 형성된 창작물들의 내적인 연관구조를 밖으로 드러낸다. 또한 비교의 방법은 언어학(die Sprachewissenschaft) 속에서 자신에게 주어진 시험을 통과했으며, 여세를 몰아 신화학(die Mythologie) 쪽으로 영역을 확장해 나갔다. 그렇게 확장해 온 비교의 방법은 나아가 모든 개별 정신과학들에게 현실적인 이론들의 참다운 특성을 점차적으로 제공할 것을 약속하고 있다. 인간학과 맞물린 연관구조를 등한시하는 '실증적인 연구자들'[40]은 이제 더 이상 찾아볼

40) (옮긴이 주) 실증적인 연구자들(die positive Forscher)은 정확한

수 없게 되었다.

그러나 문화의 체계들과 사회의 외적 유기체를 연구 대상으로 삼는 개별 과학들은, 내가 앞에서 '두 번째 서열'의 것들이라 명명했던 심리적인 [동시에 심리적 · 물리적인] 사실들41)을 통하여 인간학으로 결합된다. 개체들의 상호작용을 통해 사회 속에서 형성되며, 또한 결코 인간학

과학성을 추구하는 연구자를 가리키는 것으로, 실증적 과학들의 철학으로서의 실증주의를 추구하는 연구자들을 의미하는 것은 아니다. 실증주의에 크게 고무되었던 딜타이에게도 (실제로 그는 이 책 곳곳에서 콩트의 노고와 의의를 승인한다) '실증성'은 과학성의 관건이 되었다. 그러나 실증성의 의미를 역사적 · 사회적 현실성에 "단순한 친밀성"을 보이는 것으로 파악하는 데 그쳤던 실증주의자들과 달리, 그는 실증성의 의미를 역사적 · 사회적 현실성의 실재성과 연결한다.

41) (옮긴이 주) 누락된 원전의 XI장인 "보다 확장된 두 개의 개별 정신과학들을 구분 짓는 일"에서 역사적 · 사회적 현실성에 보다 직접적으로 접근할 수 있는 개별 정신과학들(문화의 체계들을 다루는 과학들 및 사회의 외적 유기체를 다루는 과학들)의 방법을 주장하는 도중에 언급된 것이다. 이로써 지금 언급하는 "두 번째 서열의 사실들"은 "문화 체계들에서 어떤 목적 연관구조(einer Zweckzusammenhang)에 처한 개체들 사이의 심리적인 (동시에 심리적 · 물리적인) 요소들의 관계들 및 사회의 외적 유기체에서의 공동체성(die Gemeinschaft)을 띠는 근본 관계, 그리고 종속성(die Abhängigkeit)을 띠는 근본 관계 등에 입각한 심리적 · 물리적인 의지들의 결합 속에서 나타나는 사실들을 가리킨다"(64쪽, 이 책의 각주 44번 참조).

의 사실들 속으로 온전히 용해될 수 없는 이러한 사실들에 대한 분석은 어떤 중요한 수준에서 그러한 개별 과학들의 엄밀함을 결정하는 동시에 그것들을 창설하는 토대가 된다. 욕구, 노동, 지배, 만족 등의 사실들은 [심리적인 동시에] 심리적 · 물리적인 성질을 갖는 것들로서, 정치경제학 및 국가와 법률에 관한 과학 등을 구성하는 토대들의 요소가 된다. 그리고 이러한 사실들에 대한 분석은 우리에게 말하자면 사회의 메커니즘 속으로 침투하는 것을 허용한다. 여기서 우리는 하나의 일반적인 고찰 방식, 이를테면 사회에 대한 일종의 심리물리학(die Psychophysik)을 생각할 수 있다. 아마도 이 과학은 '지구 표면 위에 있는 심리적인 삶의 가변적인 총 집단의 분포'와 '자연 내에 이미 대상으로 놓일 것으로서 그러한 총 집단의 직무(der Dienst) 속으로 옮겨진 후에 결국은 그 직무의 성취를 통해 그러한 총 집단으로 하여금 자신의 결핍에 따른 필요를 충족하게 하세 할 힘들의 분포', 그 둘 사이의 관계를 탐구의 대상으로 취할 것이다. 또 다른 중요한 심리적인 [동시에 심리적 · 물리적인] 사실들, 이를테면 소통적 전이의 사실 및 바로 이 사실 속에서 실현되는 변형의 사실 같은 것들이 보다 높은 수준에서 정신적인 문화의 체계들의 기초를 이루고 있다. 소통적 전이에서는 A의 내부에 들어 있는 하나의 상황이 B로 이행되는 동안에도 여전히 A의 내부에 남아 있다. 그리고 이러한 사실 위에서, 정신적 운동의 모든 체계 속에서 양적 관계들의 토대가 구축된다. 만일 누군가가 다음과 같은 진술, 즉 과학 속에는 명제들과 개념들의 총체적인 소통 가능성－이것은 예컨대, 명제들과 개념들을 발견한 사상가에서 이 사상가를 이해할 수 있는 지적 능력을 가진 사람들로의 이행 가능성'으로서 달리 쓸 수 있다－이 살아 있다는 판단을 인정하는 것에서부터 출발한다면, 그에겐 하나의 흥미 있는 문제, 즉 지식의 역사 속에서 그러한 소통에 입각한 규칙적 진보를 가로막은 교란의 여러 이유들을 탐구하는 과제가 주어지게 될 것이다.

흡사 바다와 같아서 항상 파도로 출렁이는 이 역사적인 세계에도 사실들의 지속적인 상황들은 존재한다. 심리적인, 아니 심리적 · 물리적인 상호작용들의 부분 내용들과 다르지 않은 이것들은 예컨대 종교들, 국가들, 예술들 등의 사례들에처럼 지속적인 형성(창작)물들을 통해 표현체로서 나타나는 한편, 그러한 모습으로서 개별 정신과학들에게 탐구된다. 그리고 그러한 역사적인 세계에는 다른 어떤 것보다 더욱 일시적인 성질을 띠면서도 내적으로 긴밀한 연관구조를 이루고 있는 광범위한 과정들이 존재하는데, 이 과정들은 역사적인 상호작용 내에서 출현하고 성장하며 확장된다. 그러고는 이내 다시 사라진다. 혁명들, 시대들, 그리고 경향들은 그와 같은 역사적 현상들을 위한 이름들이며, 이러한 역사적 현상들은 문화의 체계들이나 사회의 외적 유기체가 생산하는 지속적인 형성(창작)물들보다 훨씬 더 파악하기 어렵다. 우리는 혁명들에 대해 일찍이 명민하게 분석한 바 있는 아리스토텔레스의 전례를 갖고 있다. 그러나 무엇보다도 시간과 더불어 점점 더 정교하게 다루어져야만 할 것들은 특히 정신적인 경향들인데, 이는 이것들이 양적인(quantitativ) 규정을 허용하기 때문이다. 또한 비록 특정한 기간이긴 하지만 책이 인쇄되고 또 그렇게 출판된 책들이 사람들의 마음을 움직이는 가동성을 충분히 획득했던 장(場)이라 할 수 있는 역사의 시대들로부터 시작하여, 통계학적인 방법을 곳곳의 도서관에 쌓여 있는 서적의 분류에 적용하는 일을 거친 후, 우리는 사회의 어떤 특정한 시점에서 정신적인 성향들의 강노 내시 관심의 분포 정도를 측정할 수 있다. 이로써 우리는 어떤 문화권의 제약들 혹은 어떤 문화권의 흥미와 기대에서 출발해 최초의 모색적인 시도를 경유한 뒤, 마침내 하나의 독창적인 창작물을 형성하는 수준에 이르기까지의 모든 과정을 적절히 기술할 수 있게 된다. 특히 통계학의 결과들에 대한 진술은 도표적인 설명을 통해 매우 많은 것을 한층 명료하게 담아낼 것이다.

이러한 까닭에 결국 실증적인(정치한) 과학은 사회 속에 있는 개체들의 일반적인 상호작용 중에서 보다 더 일시적인 연관구조들까지도 주목하며 그것들을 '이론적 탐구'의 장으로 끌어들이는 수고를 기꺼이 감당하게 될 것이다. 그러나 우리는 이제 이미 성취된 것이 아직 그렇게 되지 못한 미래의 과제를 준비하는 지점의 경계에 막 도달했을 뿐이다. 지금 우리는 이 경계의 자리에서 저쪽 아득한 미지의 해안을 향해 시선을 보내고 있다.

14. 개별 정신과학들을 위한 인식론적 토대 구축의 필요성

지금껏 고찰했던 내용의 모든 실마리는 다음의 통찰 속에서 응집된다. 다시 말해 역사적 · 사회적 현실성에 대한 인식은 개별 정신과학들 속에서 성취된다. 그러나 이러한 개별 정신과학들은 자신들의 진리들과 역사적 · 사회적 현실성—개별 정신과학들의 진리들은 이 역사적 · 사회적 현실성의 부분 내용들이다—에 대한 관계 및 또 다른 진리들—이 진리들 역시 개별 정신과학들의 진리들과 마찬가지로 역사적 · 사회적 현실성으로부터 추상된다—과의 관계에 대한 의식을 필요로 한다. 그리고 단지 그와 같은 의식만이 개별 정신과학들의 개념들과 명제들에게 온전한 명증성을 제공해 줄 수 있다.

이러한 전제들로부터 정신과학의 인식론적인 토대 구축을 전개하는 과제가 출현한다. 그리고 이러한 과제에 응하는 작업 속에서 펼쳐진 수단을, 개별 정신과학들 사이의 내적 연관구조와 개별 정신과학들의 인식 가능성을 규정하는 한계들 및 정신과학의 진리들 상호 간의 관계 등을 규정하기 위하여, 사용하는 과제가 또한 이어 발생하게 된다. 이러한 과제들은 역사이성 비판(die Kritik der historischen Vernunfut), 즉 인간 자신과 '인간 자신이 형성해 낸 사회와 역사'를 아울러 인식하는 인간의 능력에 대한 비판을 통해 해소될 수 있다. 정신과학의 토대를 구축하는 과제의 수행은, 무엇보다도 지금 이 작업의 소기 목적이 달성될 수 있으려면, 지금까지 있어왔던 유사한 종류의 작업들과 다음의 두 측면에서 구별되어야 한다. 첫째, 인식론과 논리학을 서로 묶어버림으로써 우리의 이 과제ㅡ이 과제는 학문의 무대에서 백과사전적 개요와 방법론으로서 지목되고 있다ㅡ를 해소할 방안을 마련한다. 그리고 둘째, 하지만 그 과제의 수행은 동시에 다른 한편에서 자신의 문제를 정신과학의 영역에 국한한다.[42]

---

42) (옮긴이 주) 이러한 제한은 자연과학과 정신과학이 갖는 차이에서 비롯된다. 물론 이 차이는 딜타이의 고려에 의해 야기된 것이다. 이에 대해선 특히 원전 1권 서론의 II장과 III장(이 책의 3장과 4장), 그리고 2권의 IV장("역사적 · 사회적 현실성에 대한 형이상학적 태도의 붕괴") 참조. 이거스(G. G. Iggers)는 철학사적 맥락에서 이 차이에 대해 다음과 같이 요약함으로써 정신과학의 인식론적 토대를 추구하는 딜타이의 방향이 자연과학의 인식론적 토대를 추구했던 칸트나 정신과학의 인식론적 토대를 추구했던 이전의 역사주의자들의 방향과 어떻게 다른지를 적확하게 예시해 준다. "드로이젠(J. G. Droysen)과 마찬가지로 딜타이는 우리가 알 수 있는 것은 사회와 인간세계일 뿐 물리적 세계가 아니라고 믿었다. 물리적 세계에 대한 우리의 자연과학적 인식은,

논리학을 방법에 대한 학문으로서 형성하는 것은 우리들 세기에 존재하는 뛰어난 논리적 작업들 모두의 일반적 경향이다. 그러나 이 경우 방법에 대한 학문을 형성하는 문제는 하나의 연관구조를 통하여 특별한 형태를 수용하게 된다. 그러나 이 연관구조는 낯선 것이 아니다. 그것은 논리학을 둘러싼 그 방법론적 문제를 이미 보여주고 있는 현대 독일 철학의 배경 혹은 장(場)이다. 요컨대, 정신과학의 인식론적 토대를 구축하는 과제에 바쳐질 논리학의 방법론적 형성의 문제가 지닌 이 특별한 형태는 우리[독일] 철학의 전체적인 연관구조 속에서 객관적으로 내재해

우리가 그 세계를 직접적으로 파악할 수 없다는 의미에서가 아니라 그저 그 세계의 외적 연관성만을 파악할 수 있다는 의미에서, 상대적이다. 우리가 지각하는 연관성은 물리적 세계에 객관적으로 존재하는 것이 아니라 우리의 정신이 부여한 연관성일 뿐이라고 생각했다는 점에서 딜타이는 칸트의 견해와 일치한다. 그렇지만 칸트의 경우와는 달리 [비판의 자리를 자연과학적 인식의 장에서 정신과학적 인식의 장으로 옮겼던] 딜타이에게 정신과학은 [형이상학과 타협하지 않는 자리에서] 참다운 인식을 획득할 수 있다. 정신과학의 인식은 상대적인 것이 아니라 직접적인 것으로서, 이 인식의 진리는 외부 현실과의 대응 속에서 성립하지 않는다. 딜타이가 말하듯 오히려 '나' 속에서 '나'가 경험한 것은 '나'에게 어떤 '의식의 사실'로서 존재하기에 그렇다. (…) 이러한 지식은 우리가 그것을 공식화하거나 다른 사람들에게 전달하고자 할 때에만 상대적인 것으로 된다"(《독일 역사 사상》, 앞의 책, 135~136쪽).

있는 것이다. 이 형태는 우리[독일인]들 사이에서 나타나는 모든 방법 이론들을 밀과 휴얼(W. Whewell), 혹은 제번스(W. S. Jevons) 등 영국 실증주의자들의 작업들로부터 선명하게 구별해 줄 것이다.

의식의 조건들에 대한 분석은 다음의 사항들, 즉 '외적 세계의 직접적인 확실성'과 '지각의 객관적인 진실' 그리고 '공간의 특성들을 표현하는 원리들' 및 '현실성의 본성을 말해주는 실체와 원인들에 대한 개념들'을 용해시켜 버렸다. 이러한 분석은 실제로 물리학과 심리학의 연구 결과들을 통해 계속 실행되었으며, 또 그러는 가운데 그 일부의 내용이 확증될 수 있었다. 그리고 이 귀결로서 개별 과학들의 인식 태도를 이러한 비판적 의식으로 채우는 과제가 생겨나게 되었다. 물론 예전의 실증적인 과학들은 당시의 형식논리학에 충실히 따름으로써 '명증성의 요구들'을 충족할 수 있었다. 왜냐하면 그럴 경우, 의식 속에서 직접적이고 확실한 것으로서 나타나는 사실들 및 원리들이 논증적인 사유의 법칙들 아래에서 정돈될 수 있었기 때문이다. 그러나 이제는 자신의 확실성에 대해 분명히 의식하는 사유의 연관구조를 개별 과학들의 내부에 형성하는 과정에서 또 다른 요구들이 비판적 관점을 통해 생겨나게 되었다. 이러한 사실로 말미암아 논리학에게는 비판적 관점이 개별 과학들에게 자기 확실성을 갖는 사유의 연관 구조를 구성해 주면서 만들어낸 이 '또 다른 요구들'을 필히 발전시켜야 할 새로운 과제가 출현한다.

그렇게 제기된 요구들을 충족한 논리학은 비판적 철학이 획득한 관점과 개별 과학들의 기초적인 개념들 혹은 원리들 사이의 연결 고리를 형성한다. 왜냐하면 이러한 논리학이 그려내는 규칙들은 개별 과학들이 말하는 원리들의 확실성을 하나의 연관구조를 통하여 보증하길 원하기 때문이다. 이 연관구조는 숱한 구성 요소들-이제 이 경우에서라면, 의식에 대한 분석은 지식의 확실성을 이 구성 요소들에로까지 소급적으로 환원시킨다-위에 세워진 것이다. 우리들 세기의 과학이 지난날의 편협한 세분화가 철학과 개별 과학들 사이에 세워놓았던 경계들을 단호한 기세로 허무는 것도 그러니까 바로 여기, 즉 그 '또 다른 요구들'을 충족하는 논리학 곁에서다.

그러나 논리학은 단지 자신의 영역을 논증적 사유의 분석 너머로 확장함으로써 그와 같은 비판적 의식의 요구들에 응답할 수 있다. 형식논리학은 우리의 의식 속에서 겪게 되는 판단과 추론을 동반하는 확실성의 감정으로부터 추상될 수 있는 논증적 사유의 법칙들에게 스스로를 구속시킨다. 그러나 이와는 대조적으로 비판적인 관점의 결론들을 이끌어낼 논리학은 칸트가 "초월론적 감성 이론"과 "초월론적 분석 이론"으로 명명했던 고찰들 모두를, 달리 말하자면 논증적 사유의 토대로서 놓여 있는 과정들 간의 연관구조를 취한다. 따라서 이러한 논리학은 우리의 최초 기억이 이미 그 결과를 앞서 발견하게 되는 과정들 내부의 본성 및 이 과정들의 인식론적 가치 속으로 침투한다. 정말이지 이러한 논리학은 그런 식으로 성립하는, 그래서 내·외적 지각 과정 및 논증적 사유 모두를 포괄하는, 연관구조에 하나의 상호 등가 원리(das Prinzip der Äquivalenz)를 그 토대로서 제공할 수 있다. 그리고 이러한 상호 등가 원리에 따라 하나의 실행－이 실행을 통하여 내·외적인 지각 과정은 자신에게 주어진 것을 넘어선다－이 논증적 사유와 동일한 가치를 갖게 된다. 헬름홀츠가 심오하게 고안해 낸 개념인 "무의식적인 추론들"[43]도 따지고 보면 바로 이와 같은 논리학의 확장 선상에 존재하는 것이다. 이러한 확장은 이제 논증적인 사유의 부분적 요소들과 규범들을 표명하고 있는 공식들에 대해 적절히 반응해야 한다. 논리학적인 이념은 스스로가 변화한다.

---

43) H. Helmholtz, 《지각 속의 사실들(Tatsachen in der Wahrnehmung)》, 1879, 27쪽 참조.

지그바르트는 이러한 관점을 통해 논리학의 공식들을 개조·변형하고는, 이에 따라 하나의 방법론을 비판적 정신에 입각해 창설했다.[44] 한 번의 비판적 의식이 있고 난 후에는, 첫 번째와 두 번째 부류의 어떤 명증이나 혹은 첫 번째와 두 번째 서열의 인지 상태를 소유하는 것은 불가능하다. 오로지 자신 속에 자신의 기원을 내포하는 개념만이 논리학적으로 볼 때 온전한 것이며, 자신의 근거를 이론의 여지가 없는 앎으로 소급시켜 놓는 명제만이 확실성을 띠게 된다. 비판적인 관점에서 보자면, 개념에서 제기된 논리학적 요구들은 다음과 같은 요건, 즉 개념이 생겨나는 인식의 연관구조 속에서 개념이 인식론적으로 형성되는 인식 과정 자체에 대한 하나의 의식이 현존하고, 또한 이 의식이 현실성과 연관된 기호들의 상징체계 속에서 그러한 개념의 현존 장소를 단일한 의미로서 결정지어야 한다는 조건을 충족하기 전에는 채워질 수 없는 것들이다. 그리고 어떤 명제의 판단 위에서 제기된 논리학적 요구들은, 판단의 논리적 근거에 대한 의식이 판단이 발생하는 인식의 연관구조 속에서 판단의 논리적 근거를 결정하는 심리

44) C. Sigwart, 《논리학(Logik)》 I권, 1873; 이 책의 두 번째 판이 1878년에 2권 《방법론(Methodenlehre)》을 달고 출판되었다.

적인 [동시에 심리적 · 물리적인] 작용들의 전체 연관구조의 효력 범위 및 타당성과 관련된 인식론적인 명료성을 포함할 경우에만, 비로소 자신들의 바람에 상응하는 대답을 들을 수 있게 된다. 그러므로 논리학이 개념들과 명제들 위에서 제기한 그 요구들은 모든 인식론의 핵심적인 물음으로까지 소급해 들어간다. 이를테면 의식의 사실들에 관한 '직접적인 앎'의 성질은 그 핵심의 하나이며, 근거의 원리(der Satz vom Grunde)에 따라 진보하는 인식에 대해 그러한 직접적인 앎이 맺고 있는 관계는 그 핵심의 또 다른 하나다.

논리학의 이러한 시야 확장은 (어떤 특정한 실증적 과학이 아니라) 실증적인 과학 그 자체가 추구하는 방향과 일치한다. 우선 시간과 공간 속에 있는 개별 사물들에 대해 우리의 감각들이 맺고 있는 자연적인 관계를 넘어서는 것이 자연과학적 사유인 까닭에, 자연과학적 사유는 개별 사물들에 상관된 우리의 감각들 자체를 정확하게 규정하는 일 쪽으로, 그리고 이에 따라 이러한 감각들의 잇따르는 연속을 일반적으로 타당한 시간의 측정 규정에 따라 규정하는 일 쪽으로, 또한 장소와 크기를 보편타당하게 한정하는 일, 그리고 관찰의 오류들을 제거하는 일 쪽으로, 간단히 다시 말하자면, 지각판단들 자체의 형성을 논리학적인 완전성으로 인도해 줄 수 있는 방법들 쪽으로 소급했던 자신의 방향을 도처에서 보여준다. 한편 논리학의 이 새로운 시야 확장을 정신과학에 관련지어 생각하면, 역시 그 방향에 있어선 실증적이되 자연과학적 사유의 경우와는 달리, 다음의 두 사실이 정신과학에서 명백하게 드러난다. 첫째, 심리적인 동시에 심리적 · 물리적인 사실들은 개체들에 대해서뿐만 아니라 문화의 체계들 및 사회의 외적 유기체에 대해서도 역시 마찬가지로 이론의 토대를 형성해 준다. 둘째, 심리적인 동시에 심리적 · 물리적인 사실들은 또한 자신들의 모든 상태들마다 역사적인 직관과 역사적인 분석의 토대를 이루고 있다. 그리고 바로 이러한 사실들로 인해 다음의 주장이 성립한다. 즉 어떻게 그것들[심리적인 동시에 심리적 · 물리적인 사실들]이 우리에게 주어지는지, 또 어떻게 명증성은 그것들에게 귀속되는지에 대한 인식론적 탐구만이 정신과학의 참다운 방법론을 창실할 수 있을 것이다.

이처럼 논리학은 인식론적인 토대 구축과 개별 과학들을 잇는 연결 고리로서 나타난다. 그리고 이와 함께 현대 과학의 내적인 연관구조가 성립하는데, 이 새로운 연관구조는 우리의 인식이 취했던 종래의 형이상학적 연관구조가 차지한 위치에 대신 들어설 것이다.

하지만 앞서 말했듯이 이 입문의 과제를 규정하는 데 있어서, 또 하나의 특성은 그러한 과제가 정신과학의 토대 구축으로 제한된다는 점에 있다.[45] 만일 자연에 대한 인식을 성립 가능하게 해주는 조건들이 정신과학의 구조물에 있어서와 동일한 의미에서 '토대적인 것'이라면, 자연 인식을 그러한 조건들 아래에서 획득할 수 있도록 해주는 모든 유형의 절차들은 또한 정신에 대한 연구에도 동일하게 적용될 수 있을 것이다. 만일 정말로 그러하다면, 이러한 절차들 외의 다른 방법은 없을 것이며, 결과적으로 진리들이 상호 간에 종속되는 관계 방식 및 과학들이 서로의 위에 겹치는 관계 방식은 여기에서도 그러한 경우에서와 동일하게 나타날 것이다. 그리하여, 정신과학의 토대를 구축하는 일을 자연과학의 토대를 구축하는 일로부터 분리하는 것은 무의미한 작업이 될 것이다. 하지만 실제로는 자연과학적 인식을 통제하는 조건들은, 즉 외적인 세계 속에 존재하는 운동과 공간적인 배치 같은 것 중 가장 논쟁적인 것 혹은 이론의 여지가 있는 것들은 엄밀히 말하자면 정신과학의 명증함에 어떤 영향도 끼치지 못하는 그런 것들이다. 왜냐하면[46] 그와 같은 운동과 배치의 현상들이

45) 이 책의 4장 참조.

실존하고, 또 어떤 실제적인 것의 표식으로서 존재하고 있다는 소박한 사실 하나만으로도 정신과학의 명제를 구성하기에 충분하기 때문이다. 따라서 정신과학의 영역에 한정된 보다 협소한 토대 위에 설 경우, 우리는 인간과 사회와 역사를 다루는 과학들 속에서 진리의 연관구조에 관한 하나의 확실성을 얻을 수 있는 가능성과 만나게 될 것이다. 자연과학은 설령 자신이 외적 세계의 현상들을 단순히 기술하는 것 이상을 추구하려 한다 하여도, 결코 그러한 확실성을 손에 넣을 수는 없다. 아닌 게 아니라 더 분명히 말하자면, 정신과학의 절차 양식들—이것들 속에서 정신과학의 대상은 우리에게 아직 채 인식되기도 전에[47] 이해되는데, 사실은 정확히 말해서 정서(das Gemüt)의 총체성 속에서 이해된다—은 자연과학의 절차 양식과 현격한 차이[48]를 갖는다. 그리고 우리는 이제 거기에서 사실을

46) 이 책의 4장 참조.

47) 이 책의 12장 참조.

48) (옮긴이 주) 딜타이는 이 "절차 양식들(die Verfahrensweise)의 차이"에 대해서도 각주를 달아 앞부분을 참조하도록 했지만, 이것이 가리키는 부분은 이 책의 발췌에서 누락된 XVI장("역사철학과 사회학은 그릇된 탐구 방법을 사용한다")의 한 부분(108쪽)이다. 절차 양식들의 차이는 자연과학의 환원론적인 설명 절차에 대한 정신과학의 직접적인 이해의 절차를 뜻한다. 딜타이는 이러한 차이에 주목함으로써 과학

사실로서 파악하는[49] 태도를 숙고하는 한편, 흘러든 분석 작용에 따른 정교한 가공의 갖가지 정도와 수준들을 관통하는 그 태도의 과정[50]을 헤아려야 할 필요가 있다. 이로써 우리는 이러한 과학들[자연과학과 정신과학] 속에 들어 있는 연관구조의 서로 완전히 다른 조직을 인식할 수 있게 될 것이다. 이 인식을 통해 우리는 결국 사실과 법률, 그리고 가치에 대한 느낌과 규칙 등이 하나의 내적 연관구조 속에서 함께 발생하는 풍경을 목도하게 되는데, 자연과학의 내부에서는 그러한 연관구조를 찾아볼 수 없다. 정신과학의 이러한 연관구조는 '반성적인 자각'을 통해서만 인식될 수 있을 뿐이며,[51] 그렇기 때문에 이 반성적인 자각은 정신과학이 안고 있는 하나의 특별한 문제 — 이것은 우

의 위계질서에 따라 정신과학을 자연과학의 인식체계에 종속시켰던 콩트는 물론이고, 심리학을 자연과학으로부터 분리해 윤리학과 정치학의 토대로 삼으며 콩트를 넘어섰던 밀에게서도 여전히 나타나는 기계론적이고 독단적인 경험론의 설명적 절차를 비판한다. 또 딜타이는 이러한 차이에 주목함으로써 정신과학의 다양한 발전 양상 속에서 나타나는, 역사적이고 비판적인 인식의 방법, 즉 직접적으로 주어지는 대상을 이해하는 참다운 경험론에 입각한 파악의 절차를 가리키고 있다.

49) 이 책의 9장 참조.

50) 이 책의 6장 및 11장 참조.

51) 이 책의 12장 참조.

리가 앞에서 보았던 것처럼, 자신의 해답을 역사철학의 형이상학적 관점 위에서 찾지 않았다－를 여기에서 또한 해소해야만 한다.

이와 같은 까닭에, 개별 과학들의 인식론적인 토대 구축의 문제를 이렇게 정신과학의 영역에 제한하여 다루는 연구는 우선 정신과학의 진정한 본성을 그것들 자체의 고유함 속에서 드러나게 해줄 것이다. 그럼으로써 이 연구는 또한 하나의 시대적 과업, 즉 데카르트와 스피노자와 홉스(T. Hobbes)가 수학과 자연과학 속에서 숙성시킨 자신들의 [형이상학적] 방법들을 그것들보다 뒤처져 있었던 [정신]과학에게 가져다준 바로 그때부터, 보다 더 늙고 강력한 자매가 자신의 더 어린 자매에게 채워버린 족쇄들을 부수는 일에 필시 기여할 것이다.

15. 맺음말 : '지금까지의 논의'[1권 서론]의 결과들로부터 생기는 과제[52)]

절연의 영지에서 숭엄히 통치하는 여신들,
그녀들의 주위에는 장소도, 그리고 시간도 없다.
그러니까 그녀들에 대해 말하기가 아주 난감하다.

파우스트 : 길은 어디에 있습니까?

그 미답의 영지로 들어설 입구는 어디에도 없다!
아니, 누구도 거기에 발을 들여놓아서는 안 된다.

—괴테(J. W. von Goethe)[53)]

---

52) (옮긴이 주) 이 책 《정신과학 입문》의 2권 "정신과학의 토대로서의 형이상학, 그 패권과 몰락"의 I장 "유럽에서의 신화적 표상과 과학의 성립"의 1절이다. 위 제목에서 '맺음말'이라는 단어는 옮긴이가 이 책에 유기성을 부여하기 위해 첨가한 것이다.

53) (옮긴이 주) 2권의 권두언으로 쓰인 이 대사는 괴테의 희곡 〈파우스트(Faust)〉에서 따온 것으로서, 현실성을 제대로 인식할 수 없는 형이상학적 사유 태도의 비과학적 무모함을 비판 · 극복하려는 2권의 의도를 함축하고 있다. 원전에서는 2권 I장의 앞에 놓여 있다.

지금까지 이 책[의 1권 서론]의 내용은 주로 다음의 두 탐구 대상, 즉 연관구조 속에 존재하는 역사적 · 사회적 현실성과 이러한 현실성을 다루는 과학들인 정신과학을 개괄적인 조망의 형태를 빌어 서술해 왔다. 요컨대 이것들 중 앞의 것[연관구조 속에 존재하는 역사적 · 사회적 현실성]은 자신의 연관구조 속에서 인류의 자연적인 분절 구조화에 입각한 채 개체적 통일체를 통해 스스로를 형성하며, 뒤의 것[정신과학]은 분리된 동시에 내적 관계를 맺고 있는 개별 정신과학들의 총체로서 자신의 이러한 분리와 내적 관계 속에서 역사적 · 사회적 현실성을 파악하는 인식의 분투(奮鬪)를 통해 성립된다. 이러한 서론의 논지에 천착할 때, 그러한 과학[정신과학]은 무엇보다도 자신들의 탐구 대상들 자체를 그것들의 실재성 속에서 인지할 수 있게 될 것이다.

사실은 그럴 수 있는 하나의 가능성이 이미 이 책에서 하나의 선도적인 과학적 이념을 통하여 제공되었다. 왜 그런가 하면 이 이념 속에선 철학적 반성의 이전(以前) 결과들로부터 이탈하는 모든 인식이 근본적으로 다음과 같은 생각에서 흘러나온 것이 되기 때문이다. 즉 철학은 무엇보다도 하나의 교시로서, 실재성과 현실성을 온전한 경험 속에서 파악하는 방법 및 인식에 대한 비판을 통해 제시된 한계들 속에서 이 실재성과 현실성을 분석하는 방법을 알려주는 지침과 다르지 않아야 한다. 따지고 보면 정신과학에 종사하는 과학자들에게 이러한 방법의 모색은 결국 역사적 · 사회적 세계의 경험을 위한 일종의 기관들(die Organe)을 창출하려는 시도가 될 것이다. 그 모색이 오늘날의 과학이 갖고 있는 강력한 기백을 표상하기 때문에 그러한데, 이 기백은 '실재'를 향한 지칠 줄 모르는 갈망에 다름 아니다. 이러한 갈망은 자연과학의 형태를 변형시킨 후, 할 수만 있다면 세계 전체를 포괄적으로 파악하기 위하여, 그리고 인간 사회의 과정 속으로 개입해 들어갈 하나의 수단을 얻기 위하여 이제 역사적 · 사회적인 이 현실성의 세계를 마저 점유하고자 한다.

그러나 지금까지 그처럼 전체적이고 완전한, 그리고 훼손되지 않은 경험은 결코 철학적 사색의 토대로서 정립되지 못했다. 정립되기는커녕 지금도 경험주의는 차라리 사변적이고, 또 그런 만큼 추상적이다. 오늘날 성행하는 유력한 경험주의 학파들이 마치 원자들을 재료로 삼듯이 감각들과 표상들을 재료로 삼아 합성해 낸 인간은 인간존재 일반에 대한 개념을 구성할 요소들을 어쨌든 간에 제공하게 되는 자신의 내적 경험과 [비록 종래의 경험주의를 능가하는 것 같지만 결국은 경험주의의 한계를 달리 가져오는 형국으로] 모순의 상태를 빚게 된다. 그와 같은 인간은 흡사 기계와도 같아서 세계 속에 단 하루도 인간으로서 살아남을 수 없게 된다. 그 유력한 경험주의 학파의 파악으로부터 연역된 사회의 투명한 연관구조는 마치 사변적인 학파들이 세웠던 것만큼이나 추상적인 요소들로써 고안된 구성물이다. 하지만 실제의 사회는 하나의 메커니즘도 아니고, 또한 다른 사람들이 고상하게 표상하듯이 하나의 유기체도 아니다. 우리는 이 판단 위에서 [특히 정신과학과 역사적 · 사회적 현실성에 대해] 다음의 사실을 명심해야 한다. 즉 과학의 엄밀한 요구에 따라 현실성을 분석하는 것과 이러한 분석을 넘어선 현실성의 실재를 승인하는 것, 그것은 경험의 한 관점이 갖는 서로 다른 두 측면일 뿐이다. "행위에서처럼 고찰에서도", 괴테가 쓴 대로 말하자면, "도달될 수 있는 것이 도달될 수 없는 것과 구별되어야 한다. 그러지 않을 경우 우리는 과학에서뿐만 아니라 삶에서도 아주 작은 것만을 얻게 될 것이다".

1권 서론의 논의가 요컨대 다음과 같은 일련의 요청에 따라 수행되고, 또 이 요청에 상응하는 성취를 이루어낼 수 있었던 것은 그러니까 우연이 아니었다. 즉 오늘날 성행하는 경험주의[실증주의]와 마치 사변에 저항하는 것처럼 맞서는 대립 속에서, 무엇보다도 먼저 역사적 · 사회적 현실성이 자신의 '온전한 실재성'을 통해 가시적인 것 혹은 명백한 것으로서 제시되었어야 했다. 이 요청에 따른 연구를 통해 이후 이 논의의 모든 탐구를 이러한 역사적 · 사회적 현실성에 관련시킬 수 있게 되었다. 또한 이러한 역사적 · 사회적 현실성의 전체 연관구조를 포괄하는 단일 과학의 구상들에 맞서는 대립 속에서, 역사적으로 형성되고 또 그러하기에 생산적인 개별 과학들의 성취들이 서로 맞물려 있는 사태가 논증되었어야만 했다. 이 요청에 상응하는 연구를 통해 그러한 개별 과학들 속에서 사회적인 삶에 대한 상대적인, 그러나 진보적인 인식의 거대한 과정이 실현된다는 사실이 드러났다. 그리고 또 하나, 개별 과학들에 몰두하는, 혹은 개별 과학들과 결부된 직업생활을 통해 기술에 종사하는 독자를 우리가 만났을 때, 그의 그러한 개별적 분화에 맞서는 대립 속에서 개별 과학들의 인식론적 토대를 구축해 줄 어떤 과학—이 과학은 진보하는 인식 과정에 대한 개별 과학들의 관계들을 전개하게 된다—의 필요성(die Notwendigkeit)이 그러한 사실 위에서 지시되었어야만 했다. 이 요청에 따라 그 필요성을 도출함으로써 모든 개별 정신과학들이 이제 그와 같은 과학의 토대를 구축하는 작업 속으로 소환되었다.

그러니 이제 우리가 주의력을 쏟아야 할 것은 세 번째 것, 즉 인식론적인 토대 구축이다. 왜냐하면 지금까지의 논의[1권 서론]에서는 앞의 두 경우와는 달리, 이것을 다루는 과학의 필요성만이 도출되었기 때문이다. 자신만의 고유한 건축물을 세우기 위해 지금 우리가 주목하려는 토대 구축은 지금까지 있어온 '옛 토대 구축'으로부터 단지 정신과학을 근거 짓는 일반적 과학(die allgemeine Wissenschaft)의 필요성을 입증해 줄 논거만을 따로 취해야 한다. 하지만 이러한 토대 구축의 실질은 옛것과는 분명히 달라야 한다. 때문에 이제 그것은 더 나아가, 이미 앞[1권 서론]에서 전개되었던 바의 역사적 · 사회적 현실성을 직관하기 위하여, 그리고 역사적 · 사회적 현실성에 대한 인식이 그러한 직관적 파악이 사실들에 대한 단순한 질서 정돈 작업 이상의 것으로 되는 수준에서 발생하는 상(場)으로서의 과정을 통찰하기 위하여, 전혀 새로운 엄밀한 논증을 제출해야만 한다.

우리는 정신과학의 문헌 속에서 정신과학을 위한 그 토대 구축의 서로 다른 두 형태를 발견할 수 있다. 즉 반성적인 자각 위에서 펼쳐낸 인식론과 심리학 위에서 정신과학의 토대를 구축하려는 시도가 지금까지 몇몇의 저작 속에서 있어왔다. 이 저작들은 18세기의 비판적 철학을 통하여 비로소 현재로 소환되었는데, 내용을 살펴보면 어느 것이든 2천 년이 넘는 시기 동안 존재해 왔던 형이상학 위에 정신과학의 토대를 정립하기는 마찬가지였다. 이러한 사실은 그 장구한 세월 동안 정신적 세계에 대한 인식이 정신적 세계에 대한 인식의 창조자로서의 신에 대한 인식으로 소급되거나, 혹은 자연 및 정신의 근거로서의 현실성이 갖는 일반적인 내적 연관구조에 대한 과학으로 환원되었다는 사실과 정확히 부합한다. 특히 15세기에 이르기까지 (알렉산드리아학파의 과학 정초기로부터 기독교적인 형이상학의 건립기에 이르는 시대를 제외하고) 형이상학은 개별 과학들을 마치 여왕처럼 통치했다. 만일 형이상학이 일반적으로 승인되는 경우라면, 그것은 어쨌든 모든 개별 과학들을 자신의 개념에 따라 필연적으로 자신의 체계 아래에 종속시킬 것이다. 그러나 이 승인은 마치 정신이 현실성의 내적이고 일반적인 연관구조를 인식하는 것으로서 확신되었던 것과 마찬가지로, 오랫동안 그렇게 자명한 것으로서 간주되어 왔다. 다른 것이 아니라 현실성을 인식의 법칙에 예속시키는 일로부터 나타나는 자연적인 체계가 바로 형이상학인 까닭에 그러했다. 전반적으로 볼 때 형이상학은 그런 점에서 과학적인 파악의 체계와 다르지 않은 것인데, 그것[형이상학]의 지배력 아래에서 인간에 대한 탐구와 사회에 대한 연구가 진행되어 왔으며, 또한 이러한 탐구와 연구는 심지어 오늘날에도, 비록 예전에 비해 그 지배력의 범위와 정도가 줄어든 상태이긴 하지만, 여전히 그것[형이상학]의 영향력 아래에 있다.

그러므로 정신과학의 입구에서 우리는 형이상학의 저항에 직면할 수밖에 없으며, 이때 우리가 마주칠 이 형이상학은 회의주의를 마치 자신의 그림자처럼 분리 불가한 것으로서 수반하고 있다. 형이상학의 지탱 불가능성(die Unhaltbarkeit)에 대한 논증은 우리가 이미 앞[1권 서론]에서 필연적인 것으로서 인식했던 것, 즉 개별 정신과학들의 토대 구축의 부정적인 부분을 이루고 있는 것이다. 그리고 실제로 우리는 지금 18세기의 추상적인 논증을 이러한 중대한 현상[형이상학의 지탱 불가능성]에 대한 역사적 인식을 통해 보충 · 확장함으로써 완성하려 시도하고 있는 중이다. 모두가 알고 있듯이, 18세기에 형이상학이 논박된 것은 분명 사실이다. 그러나 독일의 정신은 영국 및 프랑스의 정신과는 구별되는 것으로서 역사적 의식의 연속성 속에서 살아 있으며, 이 연속성의 끈은 우리 독일의 경우 적어도 16세기와 17세기에 이르기까지 끊어지지 않았다. 그리고 이러한 사실에서 독일 정신의 역사적 깊이가 유래하는데, 이러한 역사적인 깊이 속에서 지난 과거가 지금의 현재를 사는 역사적 의식의 어떤 순간을 형성한다. '옛것의 위대함을 향한 사랑'이 한편으로 독일의 경우 심지어 19세기의 고결한 정신들에서조차 걷잡을 수 없을 정도로 급격히 쇠약해진 형이상학을 지지할 수 있었던 사정의 이유도 따지고 보면 거기에 있었다. 하지만 옛것의 위대함을 향한 사랑이 초래한 것은 이뿐이 아니었다. 어떤 무엇이 아닌 바로 하나의 탐닉을 통하여, 즉 과거의 정신과 사유의 역사에 대한 탐구 속으로 빠져드는 옛것의 위대함을 향한 사랑의 근원적인 몰입을 통하여, 우리는 이제 다른 한편으로 형이상학을 형이상학의 기원과 권세, 그리고 쇠퇴의 사안들 속에서 고려하며 역사적으로 인식할 방법을 획득할 수 있게 되었다. 왜냐하면 이 같은 위대한 정신적 사실[형이상학의 역사]을 우리 인간은, 이미 자신의 날들을 다 보냈기에 노쇠해 버렸지만 자신이 엮었던 전통을 이후의 시간으로 끌고 가는 다른 모든 정신적 사실들의 경우에서와 마찬가지로, 정신이 정신적 사실을 파악하는 시간 속에서 비로소 온전히 극복할 수 있을 것이기 때문이다.[54]

---

54) (옮긴이 주) 이러한 관점에서 기획된 이 책 《정신과학 입문》의 2권 I장 2절부터 곧바로 이어 전개될 역사적 서술은 정신과 정신의 현전 사이의 자기반성적 대화를 펼쳐 보였던 헤겔의 면모를 떠올리게

따라서 나의 이러한 표명에 공감하는 독자라면 이제 이렇게 말할 것이다. 우리는 정신과학의 인식론적 토대를 구축하기 위해 준비하되, 역사적으로(geschichtlich), 혹은 역사적 통찰의 수준에서 준비해야 한다. 자연적인 체계로서의 형이상학은 이어 전개될 기술에서 논증될 것처럼 유럽 민족의 정신적인 발전 속에서 하나의 필연적 단계였다. 그러므로 형이상학의 관점은 개별 과학들에 발을 들여놓은 사람의 단순한 반목에서 비롯된 논증을 통해서는 결코 한쪽으로 치워질 수 없는 그런 것이다. 차라리 비록 형이상학의 관점을 갖고 살지 않았다 하더라도, 적어도 형이상학의 관점에 대해 철저히 숙고하는 사람의 사유 방식을 통해 형이상학의 관점은 해소될 수 있을 것이다. 형이상학의 귀결들은 현대의 숱한 개념들이 빚는 전체 연관구조를 통해 확장되고 있다. 종교와 국가와 법에 관한 문헌들은, 역사에 관한 문헌들이 그렇듯이, 대부분 형이상학의 지배적인 지침 아래에서 발생해 왔다. 그리고 그 밖

한다. 이에 대해, 딜타이의 이 저작을 간행했던 편집자 그뢰투이젠(B. Groethuysen)은 이렇게 말했다. "언젠가 딜타이는 자신의 사상 구조 내에서 차지하는 이 책 2권의 의의를 [정신]현상학이 헤겔의 철학체계에서 차지하는 위상에 비견한 적이 있다."["편집자의 말(Vorwort des Herausgebers)", VI쪽]

의 것들 또한, 보통은 거의 다, 심지어 그것들 자신이 형이상학의 의지에 대립하는 것일 경우조차, 형이상학의 영향 아래에 있는 자신들을 발견하게 된다. 단지 다음과 같은 사람, 즉 이러한 형이상학의 관점을 그것의 전체적인 힘 속에서 자력으로 해명하는 사람, 다시 말하자면 인간의 변하지 않는 본성 속에 뿌리내리고 있는 형이상학을 향한 욕구를 역사적으로 이해하고, 또한 형이상학의 오랫동안 지속되는 힘을 이 힘의 근원들 속에서 인식하는 한편, 형이상학의 귀결들을 스스로 펼쳐 보이는 사람, 단지 그러한 사람만이 자기의 사유 방식을 형이상학적 지반으로부터 온전히 자유롭게 만들 수 있으며, 나아가 자신 앞에 연구 가능한 대상으로서 놓인 정신과학의 문헌들 속에서 작동하는 형이상학의 영향들을 인식하고 또 제거할 수 있을 것이다. 어쨌든 결과적으로 형이상학의 길을 걸어온 것은 인간 자신이다. 그렇기 때문에 이제 앞으로는 '제1철학'의 단일하면서도 견고한 형태를 철학의 역사 속에서 인식하는 사람만이 현재에 퍼져 있는 형이상학, 그리하여 여전히 경험적인 과학들과 연결되거나 혹은 이러한 과학들에 적응되어 있는 형이상학의 지탱 불가능성을 통찰하게 될 것이다. 예로써 달리 반복하자면, 그러한 사람만이 자연철학적인 일원론자들과 쇼펜하우어(A. Schopenhauer) 및 쇼펜하우어의 추종자들, 그리고 로체 등의 철학들에 내재된 형이상학의 지탱 불가능성을 꿰뚫어 볼 것이다. 결국 단지 '철학적인 정신과학'과 '경험적인 정신과학'을 분리하는 오류의 근거들—이 오류의 근거들은 바로 그러한 형이상학의 내부에 놓여 있다—을 인지하고, 아울러 이러한 분리의 귀결들을 형이상학의 역사 속에서 추적해 온 사람만이 이성적인 과학들과 경험적인 과학들에 대한 구별 속에서 형이상학적 정신의 영속적인 거주의 틀(das Gehäuse)을 인식할 것이며, 이 인식을 통해 마침내 그것을 단호히 제거할 것이다.[55] 정신과학의 연관구조에 대한

55) (옮긴이 주) 이러한 의도에 따라, 딜타이는 이후 2권 I장의 남은 절들에서 "형이상학의 개념"(2절)과 "형이상학의 토대로서의 종교적 삶"(3절), "유럽에서의 과학의 성립"(4절), "고대 그리스의 초기에 나타난 과학의 특성"(5절)을 논한다. 그리고 이어서 그는 II장("고대 민족들의 발전 국면에서의 형이상학 단계")의 8개 절과 III장("고대 이후 새로운 유럽 민족들의 형이상학 단계")의 7개 절 및 마지막 IV장("현실성에 대한 형이상학적 인간 태도의 붕괴")의 4개 절 등을 통해 서구 형이상학이 겪어온 융성의 시간과 쇠퇴의 과정을 추적하며 그 빛(긍정성)과 그림자(부정성)를 드러낸다. 이 회상의 대장정은 고대의 자연철학자 아낙사고라스(Anaxagoras) 및 플라톤, 아리스토텔레스, 고대의 회의주의자 피로(Pyrrho) 등의 철학에서부터 시작해 아우구스티누스를 비롯한 중세 기독교의 신학적 철학과 아랍인들(die Arber)의 자연인식 이론들을 거쳐 라이프니츠(Leibniz), 칸트, 헤겔 등 근대 초기의 사상가

들 및 당대의 콩트와 스펜서 같은 실증주의 사상가들의 철학에까지 이른다. 이러한 내용을 담고 있는 2권은 1권 서론의 두 배가 넘는 분량으로써 《정신과학 입문》을 구성하고 있다. 하지만 비록 딜타이 자신이 이 2권의 "역사적인 서술(die geschichtliche Darstellung)"에게 "역사적 지반 위에서 자신들의 사상체계를 확립했던 헤겔과 후기의 셸링"의 철학사적 서술에 맞먹는 의의를 부여하고 있다 하더라도(XX쪽), 사실상 후대의 철학들에 끼친 영향 면에선 1권 서론의 "체계적인 서술(die systematische Darstellung)"에 훨씬 못 미친다. 그 제목, 즉 "정신과학의 토대로서의 형이상학, 그 패권과 몰락"이 말해주듯, 2권을 통해 철학사적 사건들로서 드러나는 종래 형이상학들의 빛과 그림자가 사실은 "정신과학의 인식론적인 토대 구축을 전개하는 과제"(116~124쪽)에 수반하는 '하나의 기착지'로서 읽히기 때문이다. 실제로 2권의 내용은 전통 형이상학들의 주장과는 달리 '정신과학을 위한 인식론적 토대'를 구축하는 역할을 제대로 수행할 수 없음을 그것들의 원리들에 대한 비판적 고찰을 통해 논증한다. 물론 "정신적인 사실의 극복은 정신의 반성을 통해서만 가능하다"는 진술의 타당성을 고려하면, 2권의 이러한 작업은 매우 중대한 의의를 갖는다. 하지만 2권의 작업은 1권 서론의 작업을 통해서야 비로소 인도될 수 있다는 점에서 이 두 작업 중 아무래도 후자가 더 유의미하고 문제적일 것이다. 그러나 그렇다 하더라도, 2권에 대해 1권 서론이 갖는 이 상대적 중요성은 "사회와 역사 연구의 토대를 구축하기 위한 시도"를 천명하는 수준에서만 유효할 뿐이다. 정작 중요한 것은 이러한 천명을 딛고 실현해야 할 그 궁극의 목적일 것이기 때문이다. 그런 의미에서 우리는 딜타이가 머리말(XIX쪽)에서 예고한 두 번째 책의 "현재에 이르기까지 정돈된 인식론의 작업들을 개관하고 평가"(3권)하는 작업을 마저 경유해 "정신과학을 위한 인식론적인 토대를 자신의 고유한 관점을 통해 구축하는 작업"(4권과 5권)

건강한 이해에 바쳐질 자유로운 대지, 그 '토대'를 창출하기 위하여.

의 귀결에 이르러야 할 것이다. 물론 이 두 번째 책은 끝내 나오지 않았다. 이는 딜타이의 책 《정신과학 입문》이 결국 미완의, 그러나 일정한 성과를 거둔 기도에 그쳤다는 사실을 전해준다. 그렇지만 이 전언이 그러한 목적을 포기한 딜타이를 가리키는 것은 아니다. 차라리 이 미완의 책은 정신과학에게 바쳐질, 그리고 철학의 역사에 상정될 새로운 철학의 문을 열어젖힐 노동의 서곡이었으며, 다른 누구보다 먼저 딜타이 자신이 이 노동에 매달렸다는 점에서 그러하다. 비록 1권 서론이 가리켰던 획기적인 철학의 설립 계획을 한 쌍의 책으로써 온전히 다 실행하진 못했지만, 그는 대신에 이후의 잇따른 많은 저서, 특히 《정신의 세계, 생철학 입문. 1부; 정신과학의 토대 구축을 위한 논고들》(전집 5권)과 《정신과학에서의 역사적 세계 건립》(전집 7권)에서 그 계획에 상응하는 상당한 후속의 성취를 보여준다. 딜타이는 이 책들에서 무엇보다도 "해석학적 계획"과 "역사이성 비판"에 보다 넓고 깊게 천착함으로써 자신의 철학적 목적에 더욱 근접해 있다.

해설

1. 내용 요약

《정신과학 입문—사회와 역사 연구의 토대를 구축하기 위한 시도》(이하《정신과학 입문》)는 해석학의 새 이정표를 새웠던 딜타이의 역작으로서, 헤겔 이후 현대철학의 지평을 확장한 명저로 꼽히는 책이다. 이 책의 목적은 역사(학), 인간학, 심리학, 정치학, 법률학, 정치학, 경제학, 신학, 문학, 또는 예술 등 역사적 · 사회적 현실성을 다루는 정신과학을 자연과학으로부터 명료히 분리해 냄으로써 정신과학이 자연과학만큼이나 확실한 것임을 보여주는 한편, 이를 통해 정신과학의 "인식론적 토대"를 구축해줄 하나의 과학을 정립할 필요성을 제시하는 데 있었다.

이 책은 그 목적을 위한 예비 논의로서 우선 자연과학에 대한 정신과학의 차이성을 확보하고 있다. 정신과학과 자연과학의 차이는 일차적으로 그 대상들, 즉 "감각 경험을 통해 지각되는 외적인 세계와 직접적으로 경험되는 심리적 사실들에 대한 반성을 통해 인지되는 내적 세계"의 차이에서 기인한다. 물리적 세계와 순수한 물리적 원인으로 소급될 수 없는 정신적 세계의 환원 불가능성과 맞물려 나타나는 이러한 차이는, 단순히 탐구 대상의 다름이나 지각과 반성의 간격을 뜻하는 것은 아니다. 실제로 정신과학은 자연과학이 대상으로 취하는 물리적 사실을 대상으로 삼기도 하며, 또한 자연과학과 마찬가지로 물리적 사실에 대한 지각 경험의 방식을 사용하기도 한다. 중요한 것은 태도, 즉 대상에 대한 인간의 근원적인 관계다. 어떤 대상과의 관계에서 "인간적 경험과의 연관이 부재한다는 사실은 자연과학의 근본적 특성이다. 하지만 그 관계에서 인간의 내적 삶과의 연관이 나타나게 되면 반드시 정신과학이 된다."[56] 이러한 정신과학은 직접적으로 경험되는 심리적 사실을 반성하는 한편, 자연과학과는 다른 방식으로 감각 경험을 통해 물리적 사실을 지각하는 변별성을 갖는다. 정신과학에서의 물리적 사실에 대한 지각 경험은 인과적 범주에 따른 자연과학적 설명이 아니라 직접적으로 경험되는 심리적 사실에 대한 반성으로 고양된다. 이 고양은 다음의 결과를 초래한다. "정신과학은 자연의 사

56) R. E. Palmer, 《해석학(Hermeneutics)》, 1969, Northwestern University Press, Evanston, 104~105쪽.

실들을 자기 자신의 내부에 포괄하며, 나아가 자연인식 위에 정초되어 있다." 인간은 동물적인 유기체의 기능 위에서, 그리고 자연환경과의 관계 위에서 존속하며 발전한다는 생각과 짝하는 정신과학의 경험적 구체성이 반영된 이 말은 이렇게 달리 쓸 수 있다. 즉 "자연 속에 놓여 있으며 자연과학의 탐구로써 전개되는 어떤 조건들에 대한 우리의 인식은 넓은 범위 안에서 정신적인 사실들에 대한 연구를 위한 토대를 구성한다." 그렇지만 이 말이 딜타이가 설정한 자연과학과 정신과학의 경계를 허무는 것은 아니다. 이는 정신과학과 자연과학의 분리와 함께, 정신과학이 심리적인 동시에 심리적 · 물리적인 인간의 내적 세계를 탐구한다는 측면에서 자연과학보다 포괄적인 인간의 지성 활동이라는 것을 말해준다. 즉 "정신의 사실들은 자연의 사실들이 갖는 최고 한계들이며, 자연의 사실들은 정신적인 삶의 하부 조건들을 형성하는 것들"이다. 자연과학에 대한 정신과학의 이러한 차이는, 따지고 보면 정신과학의 대상이 물질적 자연과 상호작용할 수밖에 없는 인간존재의 정신적 세계라는 사실에서 유래한다. 인간은 심리적인 동시에 심리적 · 물리적인 존재다. 이러한 사실은 세계에 대한 인간존재의 두 관계 방식인 감각의 경험 과정과 정신의 경험 과정의 양립성, 즉 "어느 한쪽의 특정한 기원의 사실성을 또 다른 쪽의 그것으로부터 이끌어내는 일을 거부하는 비교 불가능성"을 뜻한다. 이 비교 불가능한 이중성을 통해 정신과학의 탐구 대상인 인간의 세계가 형성된다. 이로써 이제 정신과학의 주체 역시 심리적 · 물리적인 인간존재가 되며,[57] 그 내용은 그러한 심리적인 동시에 심리적 · 물리적인 인간의 정신 속에 직접적으로 경험되는 내적인 세계(그러나 물질적 세계를 초월하지 않는 세계)의 사실, 즉 역사적 · 사회적 현실성이 된다. 자연과학의 경우에서와는 다른 정신과학 고유의 탐구 방법은 심리적인 동시에 심리적 · 물리적인 인간존재의 자기의식의 반성을 통해 역사적 · 사회적 현실성을 직접적으로 파악하는 참다운 경험론의 절차와 같다.

자연과학과의 차이를 통해서 드러나는 정신과학의 탐구 특성을 제시한 뒤에, 딜타이는 이 책의 논의를 두 방향으로 전개한다. 첫째는 정신과학의 정당한 영역을 정위하

---

57) 인간 개체가 이처럼 심리적인 동시에 심리적 · 물리적 존재라면, 모든 자연과학과 정신과학은 이러한 인간의 구성물이 된다. 그러나 전자는, 후자와 함께 동일한 인간의 인식에서 비롯된 것임에도 불구하고, "환원이 불가능한 대상"의 상이함과 이 대상에 대한 "두 경험의 비교 불가능성"을 띠는 '주체의 태도 차이'로 인해 정신과학의 경우와는 다른 탐구 방법과 이론적 토대를 요구한다.

는 동시에, 정신과학의 내용이 역사적 · 사회적 현실성에 대한 인식의 직접성을 통해 획득된 일반성(혹은 보편성)을 띠고 있음을 입증함으로써 정신과학에게 과학의 지위를 부여하는 일이다. 물론 딜타이는 객관성이라는 말을 쓰지 않고 있지만, 이 인식의 직접성은 자연과학의 객관성에 비견되는 정신과학의 고유한 객관성이라 할 수 있다. 사실 정신과학의 토대를 구축하려는 딜타이의 시도는 "인간과 사회에 대한 객관적 인식의 가능성에 대한 확신에서 나온 것"[58]이다. 둘째는 자연과학에서의 수학과 같이 정신과학 일반의 인식론적 토대를 구축해 줄 하나의 과학을 정립하는 것의 필요성을 입증하는 일이다. 이 일은 종래의 형이상학[59]의 자리에서 벗어나, 우리 인간의 정신세계

58) G. G. Iggers,《독일 역사 사상(The German Conception of History)》, Wesleyan University Press, Middletown & Connecticut, 1983, 136쪽.

59) 딜타이는 형이상학적 사유를 극복하려 했다. 그러나 그가 가리켰던 형이상학은 존재와 인식에 대한 메타적 담론으로서의 철학이라는 넓은 의미에서의 형이상학, 예컨대 딜타이 자신도 해당될 '내재적인 형이상학'과 같은 것이 아니라 역사적 · 사회적 현실성을 초월하는 전통의 (자연주의적 형이상학을 포함해서) 인식론적 형이상학을 뜻한다. 앞으로 이 책에서 언급될 형이상학은 따라서 전부 후자의 의미를 갖는 것이지만, 필요에 따라 '전통의' 혹은 '종래의' 등과 같은 수식어를 붙였다.

에 대한 구체적 탐구를 개별 정신과학들에게 넘기고 이것들의 정당성 내지 인식론적 토대를 구축하는 일 쪽으로 철학을 후퇴시킨다는 것을 의미한다. 그러나 말이 후퇴지, 사실은 비판적 자리를 확보하는 것을 뜻한다. 그러니까 딜타이가 주창한 그 정초(定礎)적인 하나의 과학은 여전히 철학의 본성을 유지하되 형이상학과는 다르다. 우리는 이것을 전통의 형이상학적 존재론에 비해, 인식 비판에 근거한 역사주의적 생철학 혹은 해석학이라 부른다. 정신과학의 주체인 역사이성의 가능 근거에 대한 해명을 지향하는 딜타이의 의도는 순수이성의 가능 근거를 규명했던 칸트의 의도와 과학적 인식의 토대 구축이라는 점에서 흡사하다. 그러나 칸트나 신칸트학파의 경우와 달리 그의 비판적 이성은 심리적인 동시에 심리적 · 물리적인 정신세계, 즉 역사적 · 사회적 현실성에 대한 과학적 인식을 지향한다. 딜타이에게 비판적 이성은 개별 정신과학들의 상호 연관구조를 밝혀낼 때 비로소 가능한 것이 된다. 왜냐하면 개별 정신과학들의 영역을 관통하는 공통의 요소가 없다면, 이 과학들의 가능 근거를 정초해 줄 하나의 과학을 창안하여 정립하는 일도 불가능해질 것이기 때문이다. 그러나 이러한 논의의 두 방향은 구분되지 않는다. 개별 정신과학들의 상호 연관구조에 입각한 인식론적 토대 구축의 필요성이 주장되는 가운데, 개별 과학들의 고유한 위상과 인식의 직접성(혹은 일반성 내지 보편성이라는 의미에서의 객관성)이 이야기되거나, 아니면 이와 반대의 구조 속에서 그 주장과 이야기가 함께 어울린다.

요컨대 당연한 말이겠지만, 정신과학의 연관구조는 자연과학의 연관구조와 다르다. "정신과학은 자연인식의 분절 구조화에 비유될 수 있을 어떤 논리적 구성을 모방하여 하나의 전체를 만들어내지 않는다. 그것의 연관구조는 오히려 다양한 방식 속에서 스스로 전개되어 왔으며, 따라서 정신과학의 이러한 연관구조는 역사적으로 성장·발전해 온 것으로서 고려되어야만 할 것"이다. 이러한 정신과학은 역사적·사회적 현실성이라는 공통의 재료로써 내용을 구성하며, 형식적인 면에서도 세 가지 진술 유형들, 즉 "지각된 바의 역사적·사회적 현실성을 그대로 드러내는 진술, 그 현실성 속에서 지속적인 요소를 찾아내 이론적 구성 성분을 만들어내는 진술, 그리고 가치판단을 표출하고 규칙들을 천명함으로써 자신들 속에 정신과학의 실천적인 성분들을 끌어들이는 진술" 등을 공유한다. 역사 속에서 스스로 전개되어 온 개별 정신과학들은 과학인 이상, 이 진술들의 양식에 따른 분석과 추상을 통해서만 역사적·사회적 현실성을 파악할 수 있다. 그리고 이 분석과 추상의 파악 안에서 역사적 · 사회적 현실성의 전체적 면모가 역사적 · 상대적으로 점차 밝혀진다. 문제는 그것들의 상대성에 '직접성이라는 의미에서의 객관성'을 부여하는 것이다. 이것은 개별 정신과학들의 인식이 일반성을 띤다는 사실, 즉 역사적 · 사회적 현실성 전체에 연결되어 있다는 사실을 보여주는 일과 같다. 이러한 문제를 해소할 토대적인 과학의 구축을 두고 역사적인 학파들과 추상적인 학파들 사이에서 논쟁이 있어왔지만, 이 논쟁은 생산적이지 못하다. 후자가 현실성과 추상의 구체적 관계를 간과하는 오류를 저지른 반면, 전자는 그 현실성에 빠져 추상을 외면하는 오류를 범했기 때문이다. 딜타이는 그러한 오류들을 지양 · 극복할 수 있는 길을 고립된 개인이 아니라 "사회의 삶을 이해"하는 인간을 다루는 진정한 심리학, 즉 인간학을 수반하는 심리학에서 찾는다. 그러고는 이러한 심리학 안에서 자신의 궁극적인 목적을 이렇게 천명한다. 즉 "이러한 심리학은 인간의 정신을 다루는 개별 과학들 중에서 가장 우선적이고 가장 기초적인 것이 된다. 그리고 이러한 사실에 상응하여 그와 같은 심리학의 진리들은 정신과학의 더 나은 구조를 위한 토대를 형성한다. 그러나 심리학적 진리들은 단지 역사적 · 사회적 현실성으로부터 발췌된 부분적 내용만을 내포하고 있다. 그러므로 이 경우 심리학적 진리들은 역사적 · 사회적 현실성과의 어떤 관계를 전제할 수밖에 없다. 따라서 하나의 인식론적 토대 구축을 통해서만이 심리학적 과학에 대해 인간의 정신을 다루는 또 다른 과학들 및 그러한 현실성(이 현실성의 부분적 내용들이 정신과학이다) 자체가 갖는 관계를 밝힐 수 있다"(9장). 물론 기존의 독일 역사철학과 당대의 프랑스 사회학이 역사적 · 사회적 현실성 전체를 파악한다고 주장하며 자신들의 이론에 함축된 인식론적 토대의 정당성을 주장하고 있었지만, 딜타이에게 이 두 과학들은 아무래도 형이상학적이다. 그것들의 인식은 역사적 · 사회적 현실성과 단절되는 오류를 내포하고 있으며, 그런 만큼 그것들에 작용하는 인식론적 토대 역시 그릇되다.

이 같은 논의를 통해 이 책의 1권 서론은 우선, 역사적 · 사회적 현실성의 전체 내지 총괄적 연관구조는 형이상학적 태도에 종속된 독일의 전통 역사철학이나 프랑스의 실증주의적 사회학이 아니라 "오로지 개별적 연관구조를 다루는 개별 정신과학들을 통해서만 (부분적으로) 도달할 수 있을 뿐이며, 비록 이제 막 시작되었기는 하지만 오늘날의 개별 정신과학들은 이러한 요구에 충실히 부응하며 점차로 확장 · 완성의 길을 모색하고 있다"는 일차적인 결론을 도출한다. 그리고 역사적·사회적 현실성에 대한 인식론적 고찰을 역사철학과 사회학에 작용했던 형이상학적 논리가 아닌 (심리학을 수반하는) 인간학적 논리를 이용해 수행함으로써 정신과학의 인식론적인 토대를 올바르게 구축할 하나의 과학을 정립할 것을 역설하는 궁극적인 결론을 도출한다. 또한 이러한 논리적 귀결의 요구를 충족하기 위한 "역사이성 비판"의 한 방법을 인식론 및 (인간학을 수반하는) 심리학과 논리학의 연결 사태를 통해 제시한다. 이 책의 2권에서 딜타이는, "정신적인 사실의 극복은 정신의 반성을 통해서만 가능하다"는 판단에 따라, 전통의 형이상학들이 그 주장과는 달리 정신과학을 위한 인식론적 토대를 제공하는 역할을 제대로 수행할 수 없음을 그것들의 원리에 대한 비판적 고찰을 통해 논증한다. 이 논증은 전통의 형이상학적 이성을 능가하는 새로운 이성을 형이상학적 이성의 역사가 펼쳐놓은 발전적 흐름 위에서 찾아내 정신과학을 위한 인식론적 토대 구축의 길을 열어주려 한다는 점에서 1권 서론에 연속한다. 그러나 이후의 딜타이는 이 책에서 택한 진정한 심리학적 방법의 한계, 즉 개체들의 숱한 주관성을 꿰고 있는 보편성을 확보하려는 기획의 한계를 인지하고 이 책에서 강력히 부정했던 헤겔적 객관성을 취한다. 이 객관성은 자연과학의 환원론적 인식이 아니라 객관화된 삶으로서의 총체성을 띠는 객체적 정신에 상응하는 인식의 것이라는 점에서, 그리고 이러한 객체적 정신은 형이상학적으로 세계를 구성하는 것이 아니라 역사적 · 사회적으로 주어지는 세계를 수용하는 것인 까닭에 구체성을 지닌다는 측면에서, 당대의 과학주의와 역사주의를 일정 부분 극복했던 딜타이를 표상한다. 하지만 그가 말하는 정신의 역사적 · 사회적 객관화 역시 헤겔에서처럼 인간의 의식 내부에서 비롯되는 동시에 과학주의의 대상을 향한 열망을 은연히 수용하고 있다는 점에서 그 역시 형이상학적 관념론이나 자연과학의 객관주의적 한계를 다 극복하지 못하고 결국 자신의 과제를 후대의 철학에게 넘겼다.

2. 전체 차례

《정신과학 입문》은 1권과 2권으로 구성되어 있다. 1권 서론은 19개의 장으로, 그리고 2권은 4개의 장으로 이루어져 있다. 이 중 1권 서론의 13개 장과 2권의 1장 일부가 머리말과 함께 여기에서 발췌 · 번역되었다. 대부분의 책들이 그러하듯이 이 책 또한 본문의 핵심 사안을 차례에 걸어두고 있기 때문에, 전체 차례를 일별할 경우 우리는 이 책이 담고 있는 전반적인 구조와 내용의 윤곽을 예비적으로 간파함으로써 본 발췌본의 의미를 더 잘 이해할 수 있게 될 것이다. 이 책의 전체 차례는 아래와 같다. (미리 말하건대, 본 번역본의 차례 조항들 중 일부는 아래에 쓴 이 책의 전체 차례에서와 약간 다르게 표기되었다. 발췌된 내용들에 통일성을 부여하기 위해서, 혹은 그것들을 좀 더 분명히 나타내기 위해서 옮긴이가 차례의 몇 조항을 재구성해 옮겼기 때문이다.)

1권 서론(erstes einleitendes Buch) : 개별 정신과학들의 연관구조에 대한 개관과 이 개관 속에서 해명되는 토대구축적인 과학의 필요성

I장. 이 책 《정신과학 입문》의 의도/ II장. 자연과학과 나란히 하나의 독립된 전체로서 존재하는 정신과학/ III장. 자연과학 전체에 대한 정신과학 전체의 관계/ IV장. 정신과학 개요/ V장. 정신과학의 내용을 구성하는 재료/ VI장. 정신과학이 사용하는 세 가지 진술 유형들/ VII장. 역사적 · 사회적 현실성으로부터 분리되는 개별 정신과학들/ VIII장. 역사적 · 사회적 현실성의 요소들인 개별적 인간존재들을 다루는 과학들/ IX장. 역사적 · 사회적 현실성의 연관구조를 향한 인식의 태도/ X장. 개별 민족들 및 인

간 일반의 자연적인 분절 구조화에 대한 과학적 연구/ XI장. 보다 확장된 두 개의 개별 정신과학들을 구분 짓는 일/ XII장. 문화의 체계들에 대한 과학들: (1절) 문화의 체계들과 사회의 외적 유기체의 관계들; 법학, (2절) 문화의 체계들에 대한 인식; 윤리학은 문화의 체계에 대한 과학이다/ XIII장. 사회의 외적 유기체에 대한 과학들: (1절) 심리학적인 토대들, (2절) 역사적 상황으로서의 사회의 외적 유기체, (3절) 사회의 외적 유기체를 이론적으로 기술하는 과제/ XIV장. 역사철학과 사회학은 현실적인 진정성을 갖는 과학들이 아니다/ XV장. 역사철학과 사회학의 과제는 해소될 수 없는 것이다: 정신과학의 연관구조 내부에 놓인 역사과학의 과제에 대한 규정/ XVI장. 역사철학과 사회학은 그릇된 탐구 방법을 사용한다/ XVII장. 역사철학과 사회학은 사회를 다루는 개별 과학들과의 연관구조 속에서 역사학의 위치를 인식하지 못한다/ XVIII장. 개별 과학들의 점진적인 확상과 완싱/ XIX장. 개별 정신과학들을 위한 인식론적 토대 구축의 필요성.

2권(zweites Buch) : 정신과학의 토대로서의 형이상학, 그 패권과 몰락

I장. 유럽에서의 신화적 표상과 과학의 대두: (1절) 이 책 1권 서론의 귀결들로부터 발생하는 과제, (2절) 형이상

학의 개념; 이 개념과 가장 밀접한 현상들과의 관계에 대한 문제, (3절) 형이상학의 토대로서의 종교적 삶; 신화적 표상의 시기, (4절) 유럽에서의 과학의 성립, (5절) 고대 그리스의 초기에 나타난 과학의 특성/ II장. 고대 민족들의 발전 국면에서의 형이상학 단계: (1절) 다양한 형이상학적 관점들이 탐구되었지만, 그것들은 이 시기에 더 이상 발전될 수 없는 것으로 확인된다, (2절) 아낙사고라스, 그리고 일신론적인 유럽 형이상학의 성립, (3절) 기계론적 세계관을 확립한 레우키포스(Leucippos)와 데모크리토스(Democritos); 일신론적인 형이상학에 대해 이 기계론적 세계관이 갖는 잠정적 무력함, (4절) 소크라테스와 소피스트의 시기; 인식의 토대를 확립하는 방법이 도입되었다, (5절) 플라톤; 1) 형이상학적 방법의 진보, 2) 일신론적인 형이상학으로 들어서는 우주의 실체적 형상들에 대한 교설, 3) 실체적 형상들에 대한 형이상학의 토대 구축과 이 토대 구축의 일신론적인 귀결, (6절) 아리스토텔레스, 그리고 분리된 형이상학적 과학의 성립; 1) 과학적인 조건들, 2) 형이상학으로부터 분리된 논리학; 형이상학과 논리학의 관계, 3) 독립적 과학으로서의 형이상학의 성립, 4) 세계의 형이상학적 연관구조, 5) 형이상학과 자연과학, 6) 형이상학의 가장 궁극적인 최상의 대상으로서의 신성(神

性), (7절) 그리스의 형이상학과 사회적 · 역사적 현실성; 1) 그리스 정신과학의 한계들, 2) 사회적 질서를 신적인 창설에서부터 유래한 것으로 여겼던 단계, 3) 사회에 대한 원자론적 형이상학으로서의 소피스트의 자연법과 이 자연법이 비생산적인 이유들, 4) 소크라테스학파의 정치학과 플라톤의 이상 국가, 그리고 아리스토텔레스의 조정적인 국가 이론, (8절) 회의주의의 형이상학 해체; 개별 과학들의 단계로 들어선 고대의 민족들; 1) 회의주의, 2) 아리스토텔레스 이후의 형이상학과 이 형이상학의 주관주의적 특성 3) 개별 과학들의 독립/ III장. 고대 이후 새로운 유럽 민족들의 형이상학 단계: (1절) 기독교 신앙, 인식 이론, 그리고 형이상학, (2절) 아우구스티누스; 1) 교부들, 2) 아우구스티누스, (3절) 민족들의 새로운 탄생과 이들이 펼친 형이상학적 단계, (4절) 중세 사유의 첫 시기; 1) 신학과 신학의 이론적 도구로서의 변증법, 2) 전지전능한 신의 표상과 인간의 사유의지에 대한 표상 사이의 이율배반, 3) 신의 표상 속에서 신의 고유한 속성들에 따라 나타나는 이율배반들, (5절) 자연인식 및 아리스토텔레스적인 우주론과 연계된 신학; 1) 아랍인들의 자연인식과 아리스토텔레스적인 그들의 관점, 2) 서구 사유에로의 전이, (6절) 중세 사유의 두 번째 시기; 1) 실체적 형상들에 관한 형이상학의 귀결, 2) 초월적인 세계에 대한 합리적 근거 구축; ① 신의 실존에 대한 추론들, ② 영혼의 불멸성에 대한 논증들, 3) 우주과학과 신학을 연계함으로써 발생하는 중세 형이상학의 내적 모순; ①그러한 연계 속에서 성립한 신학체계의 특성, ② 신성한 의지의 표상과 신성한 지성의 표상 사이의 이율배반, ③ 세계의 영원성과 시간 속에 창조된 그 세계 사이의 이율배반, ④ 어떤 형이상학도 이러한 이율배반들을 해소할 수가 없다, (7절) 역사와 사회에 대한 중세의 형이상학; 1) 비(非)물질적인 실체들의 형이상학적 영역, 2) 그러한 영역 속에서 하나의 형이상학적 연관구조를 확립하는 일, 3) 종교적인 표상 영역, 4) 세속적인 표상 영역/ IV장. 현실성에 대한 형이상학적 인간 태도의 붕괴: (1절) 근대 과학적 의식의 조건들, (2절) 자연과학; 1) 자연과학으로 인해 해소된 고대와 중세의 형이상학, 2) 자연에 대한 기계론적 설명은 새로운 형이상학이 아니며, 또한 새로운 형이상학을 위한 기점으로 사용될 수 있는 것도 아니다. 3) 자연적인 삶과 세계연관구조에 대해 적합하게 사유할 수 있는 자유로운 의식에 내재한 자연과학적 설명의 잔여, (3절) 정신과학; 1) 사회와 역사에 대한 형이상학적 구성은 개별 인간들에 대한 과학의 분석을 통하여 해소된다; ① 사회에 대한 개별 과학들 속에서, ② 그리고 그러한 과학들 위에 정초된 역사과학 속에서, 2) 삶과 인간 본성이 갖는 형이상학적 양상의 자유로운 의식에 내재한 정신과학의 잔여, (4절) 형이상학적 인식 태도의 불가능성에 대한 결론적 고찰; 1) 형이상학의 이상으로서의 논리적 세계연관구조, 2) 이러한 이상에 대한 현실성의 모순과 형이상학의 지탱 불가능성, 3) 이해를 통해서는 형이상학적인 세계연관구조의 결속성이 단일하게 규정될 수 없다, 4) 세계연관구조에 대한 표상의 실질적 내용은 논증될 수 없다.

지은이에 대해

빌헬름 딜타이는 1833년 라인란트에서 개신교 목사의 아들로 태어났으며, 1911년에 생을 마쳤다. 하이델베르크와 베를린 대학에서 철학과 함께 역사학과 신학을 전공했다. 이전의 사상가들 중 특히 베크(J. T. Beck)와 랑케(L. von Lanke), 트렌델렌부르크(F. A. Trendelenburg), 피셔(K. Fischer) 등의 영향을 받았으며, 해석학의 입장에서 역사주의 철학을 발전시키는 일에 관심을 쏟았다. 1864년 31세가 되던 해에 베를린 대학에서 교수자격취득 논문을 제출해 통과했다. 이후 1866년 스위스의 바젤 대학을 시작으로 킬 대학과 브레슬라우 대학을 거쳐 1882년 베를린 대학의 교수가 되었다. 미슈(G. Misch), 슈프랑거(E. Spranger), 쾰러(M. F. Kölher) 등의 철학자들이 그의 학문적 경향을 추종했으며 웅거(R. Unger), 슈트리히(F. Strich), 코르프(H. A. Korff) 등 문학을 정신과학의 한 분과로 간주했던 일련의 인문학자들은 딜타이의 방법론을 문학이론의 영역에서 계승하며 소위 '딜타이파'를 형성했다. 그는 철학뿐만 아니라 사상사나 전기(傳記) 서술 분야에도 많은 관심을 갖고 있었다. 종교개혁과 르네상스에 관한 문화·지성사적 저술과 해석학의 발전에 관한 사상사적 저술, 그리고 헤겔과 슐라이어마허에 대한 전기적 저술 등 숱한 연구 결과들은 이런 관심에서 나왔다. 그러나 아무래도 그의 주된 관심은 해석학을 매개로 정신과학의 인식론적 토대를 역사주의 논리로써 구축하는 비판철학에 있었다. 비록 그 견해를 끝내 분명하게 정리해 내지는 못했지만, 1883년 《정신과학 입문》(전집 1권)을 쓴 이후 "정신과학의 인식론적 토대 구축"이라는 중요하고도 어려운 문제를 필생의 과업으로 삼아 연구에 매진했다. 전집으로 남은 저작들 가운데 특히 《정신의 세계, 생철학 입문. 1부; 정신과학의 토대 구축을 위한 논고들(Die geistige Welt, Einleitung in die Philosophie des Lebens. Erste Hälfte; Abhandlungen zur Grundlegung der Geisteswissenschaften)》(전집 5권)과, 연이어 출간된 《정신의 세계, 생철학 입문. 2부; 시학, 윤리학, 교육학 연구(Der geistwelt, Einleitung in die Philosophie des Lebens. Zweite Hälfte; Abhandlungen zur Poetik, Ethik und Padagogik)》(전집 6권) 및 《정신과학에서의 역사적 세계 건립(Der Aufgabe der geschichtlichen Welt in den Geisteswissenschaften)》(전집 7권), 그리고 《세계관에 대한 연구, 철학의 철학에 대해(Weltanschauungslehre, Abhandlungen zur Philosophie der Philosophie)》(전집 8권) 등[60]이 그러한 연구의 뚜렷한 진전을 보여준 것들로서 평가받는다. 정신과학을 위한 토대의 구축이라는 자신의 과업을 위해, 딜타이는 훔볼트와 랑케 이후에 전개되었던 역사주의 학파에게 닥친 상대주의의 위기에 맞서 싸우는 한편, 헤겔로 표상되는 전통 형이상학 및 당대의 실증주의가 펼쳤던 독단의 국면에 맞서 저항했다. 이러한 철학의 두 현안을, 그는 자연의 자리가 아닌 정신의 자리에서 벼린 칸트의 비판적 방법으로써 정초한 '이해의 이성'을 통해 한꺼번에 해소하려 했다. 딜타이는 《정신과학 입문》 이후의 책들, 특히 전집 5권과 7권에서, "해석학적 계획"과 "역사이성 비판"에 보다 넓고 깊게 천착함으로써 자신의 그러한 철학적 목적에 한층 더 가까이 다가섰다. 하지만 그의 이러한 시도의 성취 밖에 여전히 남겨진 문제들

60) 이 책들 가운데 특히 중요한 것으로 회자되는 전집 5권과 7권의 주요 부분들이 번역되어 《정신과학과 개별화》(이기흥 옮김, 지식을만드는지식, 2008)과 《해석학의 탄생》(손승남 옮김, 지식을만드는지식, 2007), 그리고 《체험 · 표현 · 이해》(이한우 옮김, 책세상, 2002) 등의 단행본으로 출간되었다. 비록 발췌본이긴 하지만 완역본이 없는 현 실정에 비추어 볼 때, 딜타이 사상의 핵심을 담고 있는 이 책들은 적지 않은 의의를 갖는다.

은 많은 이들에게 한계로서 지적되고 있다. 이 지적에 따르면, 형이상학과 실증주의의 추상적 세계관을 극복할 상당한 논리를 제공했음에도 불구하고 전자의 무비판적 인식 태도와 후자의 비(非)직접적 인식 태도의 개입을 어쨌든 허용함으로써, 인식의 관찰자적 객관성에 갇혔던 역사주의자들과 과학주의자들의 태도로부터 그 역시 자유롭지 못하다. 한 평자는 이러한 귀결에 대해 다음과 같이 말한 바 있다. "오늘날 우리는 객관적으로 타당한 인식에 대한 딜타이의 요구가 사실은 그 자체에 있어서 이해의 역사성과 정면으로 위배되는 자연과학의 이상이 반영된 것임을 분명히 알 수 있다. 그리고 우리가 지적할 수 있는 또 하나의 사실은, 헤겔의 '절대적 관념론'에 저항하면서 모든 종류의 형이상학들로부터 해방된 경험적 사실들 속에서 해석학을 정초하려 했음에도 불구하고, 딜타이가 말하는 삶 자체가 헤겔의 '객관 정신'의 모습을 달리 반복하고 있다는 것이다."61) 그러나 오늘의 철학이 처한 중요한 문

61) R. E. Palmer, 《해석학》, 앞의 책, 123쪽. 그리고 이와 연관된 국내의 비판적 논의로는 예컨대 양해림, 〈딜타이는 삶의 객관화를 극복하였는가?〉, 《해석학연구 16권》, 한국해석학회, 2005, 43~71쪽 참조. "주관성을 극복하기 위하여 인간 개체의 삶에 함축된 가치와 진리에 주목한 딜타이"의 해석학적 성취와 과제를 차분한 논리로 분석한 이 논문

제를 우리로 하여금 보다 분명하게 이해할 수 있게 해준다는 점에서, 그가 펼쳐놓은 한계는 여전히 지금 여기의 철학의 과제로 살아 있다. 적어도 해석학 혹은 해석학적 경향들에서 딜타이를 비껴간 현재는 없고, 또 비껴갈 미래도 없을 것이다.

은, 특히 딜타이 입문자들에게 도움이 된다.

옮긴이에 대해

송석랑은 충남에서 태어났다. 대전고등학교와 한국외국어대학교를 졸업한 뒤, 동 대학원에서 〈모리스 메를로뽕띠에 있어서의 예술의 존재론적 정초〉(1989)라는 논문으로 문학 석사학위를 받았다. 이후 지역 신문사에서 일하다 어린이신문(충청소년신문) 편집국에서 만화를 그리고 칼럼을 쓰는 일을 끝으로 사직하고, 충남대학교 대학원에 진학해 철학 박사학위를 받았다. 박사학위 논문은 〈존재의미의 해석학적 사실성에 수반하는 언어의 변형과 전(前) 합리성의 문제: 하이데거와 메를로뽕띠의 현상학을 중심으로〉(1998)다. 이 논문은 나중에 충남대학교출판부에서 《언어와 합리성의 새 차원: 하이데거와 메를로뽕띠》(2003)라는 제목으로 출판되었다. 현재 목원대학교 창의교양학부 교수로 재직하고 있다.

저서로는 《현상학, 시적 감각의 지성》(2012, 한국외대출판부 HUEBOOKs), 《프랑스철학의 위대한 시절》(공저, 2014, 반비) 등이 있으며, 번역한 글과 책으로는 〈메를로뽕띠의 《강의록》 3편〉(《메를로뽕띠의 철학: 존재와 예술과 진리의 현상학》(2005, 문경출판사) 부록)과 《하이데거의 존재의 역사와 언어의 변형》(1996, 자작아카데미)이 있다. 최근 몇 년간, 〈갈등의 위상학과 해방의 변증법〉(2022, 《철학연구》 163집), 〈이이(李珥)의 이기론과 구체성의 철학; 실존현상학의 관점에서〉(2022, 《율곡학연구》 49집), 〈반(anti)-폭력의 아포리아와 전쟁의 현상학〉(2021, 《동서철학연구》 102호), 〈진리의 정치성에 대한 현상학적 해명〉(2021, 《철학연구》 159집), 그리고 〈환경윤리의 환원성 제거를 위한 자연개념; 메를로퐁티의 현상학적 관점에서〉(2020, 《현대유럽철학연구》 56집), 〈토포스의 해석학; 현상학과 예술〉(2017, 《인문과학연구논총》 52호) 등의 논문을 발표했다.

원서발췌 정신과학 입문
—사회와 역사 연구의 토대를 구축하기 위한 시도

지은이 빌헬름 딜타이
옮긴이 송석랑
펴낸이 박영률

초판 1쇄 펴낸날 2014년 7월 4일
개정1판 1쇄 펴낸날 2026년 1월 20일

커뮤니케이션북스(주)
출판등록 제313-2007-000166호(2007년 8월 17일)
02880 서울시 성북구 성북로 5-11
전화 (02) 7474 001, 팩스 (02) 736 5047
commbooks@commbooks.com
www.commbooks.com

지식을만드는지식은
커뮤니케이션북스(주)의 고전 출판 브랜드입니다.

ISBN 979-11-430-1686-7 03160

책값은 뒤표지에 있습니다.